Langues pour tous
Collection dirigée par
Jean-Pierre Berman, Michel Marcheteau et Michel Savio

Le russe tout de suite !

par

Lydia Vaïsser et Véronique Meurgues

avec la participation
d'Agnès CHALAPOUTOV

Nouvelle édition

Une version sonore (non vendue séparément) est disponible en coffret (1 livre + 1 CD)

POCKET

Enregistrement

(CD) Un disque compact d'environ une heure vous permet de vous familiariser avec la prononciation du russe (Partie A, 1-20 et B 0), en écoutant et en répétant les formules les plus utiles.

Prononciation : la transcription entre crochets suivant les mots russes vous permet d'accéder *tout de suite* à la prononciation. Reportez-vous en page 7 pour les explications.

Si vous voulez aller plus loin dans l'étude du russe, la collection **Langues pour tous** propose une série d'ouvrages adaptés à votre niveau (méthodes générales et spécialisées, ouvrages bilingues littéraires), et, notamment pour acquérir, en profondeur et systématiquement, les éléments de base, la méthode ***Parlez russe en 40 leçons*** (voir Catalogue **Langues pour tous**).

Dans la série « ... TOUT DE SUITE », vous pouvez également aborder « en raccourci » **l'anglais, l'arabe, le coréen, l'espagnol, l'italien, le japonais, l'occitan, le polonais, le portugais et le vietnamien**.

Demandez le catalogue : Pocket – Langues pour tous à votre libraire ou à **Pocket, 12, avenue d'Italie, 75013 Paris**.

ISBN 2-266-13065-X
Imprimé en France par Brodard & Taupin
28267 – La Flèche (Sarthe)
Achevé d'imprimer en mars 2005
Dépôt légal : mai 2004
Suite du premier tirage : mars 2005
POCKET – 12, avenue d'Italie, Paris 75627 CEDEX 13
Tél. 01.44.16.05.00

Présentation

Le russe tout de suite ! est un ouvrage qui ne nécessite aucune connaissance grammaticale et linguistique préalable. Il est destiné à tous ceux qui, pour une raison ou pour une autre, n'ont pas le temps de se consacrer à un apprentissage systématique du russe.

• Il s'agit donc d'un manuel court, conçu pour aider ses utilisateurs à exprimer un certain nombre de messages simples et pratiques.

• Pour ce faire, il part de formules et d'expressions en français dont il propose l'équivalent en russe. Ainsi, dès la première unité de ce livre, vous pouvez être opérationnel TOUT DE SUITE.

Le russe tout de suite ! comprend deux parties :

Partie A, de 1 à 20 :

• Vingt unités de quatre pages construites autour de formules de grande fréquence : *je suis, j'ai, je voudrais, combien... ?, comment... ?, pourquoi... ?*, suivies d'un vocabulaire de base le plus concret possible.

• Des explications et des remarques élémentaires viennent s'y ajouter, renforcées par des exercices avec corrections instantanées et des points de civilisation.

Partie B, de 1 à 20 :

• Vingt unités présentent le vocabulaire par centres d'intérêt : nourriture, logement, transports, santé...

• Des exercices avec correction instantanée utilisent les structures et les formules proposées dans la partie A auxquels s'ajoutent des informations pratiques.

➡ En fin de volume, un **mémento grammatical** permet à ceux qui le souhaitent un survol des conjugaisons et présente des tableaux d'éléments de base.

• Un **lexique** de 950 mots et expressions peut être utilisé comme dictionnaire de poche dans le sens **français-russe**.

Conseils d'utilisation

• **Partie A** : vous pouvez soit l'étudier systématiquement pour vous initier rapidement aux structures les plus courantes du russe, soit, en cas d'urgence, recourir directement à la structure dont vous avez besoin, par exemple A7 : « *Je veux/Je voudrais* »... et la mettre TOUT DE SUITE en application.

• **Partie B** : vous pouvez étudier systématiquement les différents secteurs de vocabulaire qui vous sont proposés, soit choisir celui dont vous avez besoin TOUT DE SUITE.

Sommaire PARTIE A

Sommaire PARTIE B

L'alphabet russe

Voici l'alphabet russe en caractères d'imprimerie avec les sons équivalents en français et leur transcription.

RUSSE		FRANÇAIS	
maj.	min.	sons équivalents en français	transcription
А	а	a	a
Б	б	b	b
В	в	v	v
Г	г	gu	g
Д	д	d	d
Е	е	yé	ïe
Ё	ё	yo	ïo
Ж	ж	j	j
З	з	z	z
И	и	i	i
Й	й	ille	ï
К	к	k	k
Л	л	l	l
М	м	m	m
Н	н	n	n
О	о	o	o
П	п	p	p
Р	р	r	r
С	с	ss	s
Т	т	t	t
У	у	ou	ou
Ф	ф	f	f
Х	х	kh	h
Ц	ц	ts	ts (toujours dur)
Ч	ч	tch	tch (toujours mou)
Ш	ш	ch	ch (toujours dur)
Щ	щ	chtch	chtch (toujours mou)
	ъ	signe dur	-
Ы	ы	i dur	y
	ь	signe mou	'
Э	э	è	e
Ю	ю	you	ïou
Я	я	ya	ïa

Lecture de la transcription et prononciation

■ Cet ouvrage n'a pas pour objectif d'apprendre à lire en russe. Si vous désirez le faire, vous pouvez vous reporter à *Parlez russe en 40 leçons*, dans la même collection (les dix premières leçons). Cependant, nous reproduisons ici le texte en russe pour vous aider à vous familiariser avec l'alphabet, finalement assez facile à assimiler, et permettre éventuellement à certains de l'apprendre.

La transcription qui précède les mots russes vous permet d'accéder TOUT DE SUITE à la prononciation. Cependant, nous vous conseillons de vous reporter systématiquement aux explications phonétiques de cette page ainsi qu'à celles données page 131.

1. En russe, l'accent tonique est très important. Il est indiqué en caractères gras. La syllabe accentuée se prononce plus fortement et dure plus longtemps.
2. Toutes les lettres se lisent séparément sauf [ou].
3. Le son correspondant à la lettre х, transcrite [h], n'existe pas en français. La position de la gorge est la même que pour le « k » français, sauf que l'arrière de la langue ne touche pas le palais et que c'est l'air qui produit le son. Cela ressemble un peu à la « jota » espagnole ou au « ch » allemand.
4. щ, transcrit [chtch], est un [ch] long et mouillé, comme s'il était suivi d'un petit « i» comme dans le mot « chien ».
5. Nous avons choisi de transcrire la lettre й par [ï] correspondant au son « ille » comme dans « filles ».
6. En russe, presque toutes les consonnes peuvent être « dures » ou « mouillées ».
   - Les consonnes dites « dures » se prononcent en arrière du palais, plus qu'on ne le fait en français.
   - Les consonnes « mouillées » (ou « molles ») se prononcent en avant de la bouche et sont comme suivies d'un petit « i ».
   - Ainsi, dans la transcription, toutes les consonnes suivies d'un i sont mouillées.
   - La mouillure des consonnes isolées est indiquée par une apostrophe ['] (qui est la transcription du signe « mou » ь).
7. Le son ы, « i dur », noté [y], n'existe pas en français : il se prononce un peu comme « oui » dit tout au fond de la gorge.
8. Le г transcrit [g] se prononce toujours « gu » comme dans le mot « gare » et jamais [j]. Par exemple : [gi] se lira « gui ».
9. La lettre с, transcrite [s], se prononce toujours « ss ».

A1 Je suis / J'ai

Je suis

1 français(e).
2 content(e).
3 heureux(se).
4 fatigué(e).
5 étonné(e).
6 malade.
7 marié(e).

8 en vacances.
9 en retard.

J'ai

10 faim.
11 soif.
12 sommeil.

13 raison.

14 de la chance.
15 froid.
16 chaud.

17 vingt ans.

Commencez à apprendre à lire en russe :

français ФРАНЦУЗ [frantsous]

Ⓕ → f

Ⓟ → r (roulé)

Ⓗ → n

A1 ïa… / mnie… я... /мне...

ïa — я

1	frantsous/frantsoujynka.	француз/француженка.
2	davolin/davol'na.	доволен/довольна.
3	rat/rada.	рад/рада.
4	oustal/oustala.	устал/устала.
5	oudivlion/oudivlina.	удивлён/удивлена.
6	bolin/bal'na.	болен/больна.
7	jynat/zamoujym.	женат/замужем.
8	v otpouski.	в отпуске.
9	apazdyva-ïou	опаздываю.

ïa — я

10	hatchou ïest'.	хочу есть.
11	hatchou pit'.	хочу пить.
12	hatchou spat'.	хочу спать.
13	praf/prava.	прав/права.

mnie — мне

14	viziot.	везёт.
15	holadna.	холодно.
16	jarka	жарко
17	dvatsat' liet.	двадцать лет.

Ⓒ Ц → ts (toujours dur)

Ⓤ У → ou

Ⓩ З → z (se prononce [s] en fin de mot)

CONSTRUCTIONS & REMARQUES

■ En russe, le verbe *être* n'est pas exprimé au présent. Il est seulement sous-entendu. Il est cependant obligatoire au passé et au futur. Pour dire *je suis russe*, les Russes disent littéralement :

« je – russe » ïa **rou**skiï я русский.

■ En russe, presque tous les mots se « déclinent », c'est-à-dire que leur terminaison varie selon la fonction qu'ils occupent dans la phrase. Il y a 6 formes (cas) au singulier et au pluriel (voir les cas, les déclinaisons et leur usage dans les annexes, p. 141).

Pronoms personnels russes au nominatif (cas du sujet) :

je	ïa	я	*nous*	my	мы
tu	ty	ты	*vous*	vy	вы
il	on	он	*ils* / *elles*	ani	они
elle	ana	она			

■ J'ai faim. Dans la plupart des cas, les Russes diront :

« je veux manger » ïa hatch**ou** ïest' я хочу есть.

Il en est de même pour *j'ai soif* et *j'ai sommeil*.

■ Pour dire *j'ai froid*, on dit littéralement en russe :

« à moi – froidement » mnie h**o**ladna мне холодно.

C'est une construction impersonnelle. Elle se compose du pronom personnel décliné au datif (cas du complément d'attribution) et d'un adverbe. Cette construction est très usitée en russe.

PRONOMS PERSONNELS									
Nominatif			Datif		Nominatif			Datif	
je	[ïa]	я	mnie	мне	*nous*	[my]	мы	nam	нам
tu	[ty]	ты	tibie	тебе	*vous*	[vy]	вы	vam	вам
il	[on]	он	ïim**ou**	ему	*ils/elles*	[an**i**]	они	im	им
elle	[ana]	она	ïeï	ей					

■ Pour exprimer l'âge d'une personne, on utilise également une construction impersonnelle avec le datif. *J'ai vingt ans* se dit en russe :

« à moi – vingt ans » mnie dv**a**tsat' liet мне двадцать лет.

■ Pour poser une question, il suffit le plus souvent de changer l'intonation. La voix monte sur le mot sur lequel porte la question. A l'écrit, on ajoute simplement un point d'interrogation. L'ordre des mots ne change pas :

Vous êtes fatigués.	vy oust**a**li.	Вы устали.
Etes-vous fatigués ?	vy oust**a**li ?	Вы устали ?

➡ **RETENEZ ENCORE :**

je suis bien	mnie haracho	мне хорошо
nous sommes tristes	nam gr**ou**sna	нам грустно
elle a peur	ïeï strachna	ей страшно

A Que veut dire en français :

1. ïa frantsous – Я француз.
2. ana frantsoujynka – Она француженка.
3. natacha zamoujym – Наташа замужем.
4. my oustali – Мы устали.
5. ïa hatchou ïest' – Я хочу есть.
6. ïa apazdyva-ïou – Я опаздываю.
7. ïeï viziot – Ей везёт.
8. ïimou dvatsat' liet – Ему двадцать лет.

B Comment dire en russe :

1. *Je suis fatiguée.*
2. *Il est marié.*
3. *Nous avons de la chance.*
4. *Avez-vous chaud ?*
5. *Ont-ils raison ?*
6. *As-tu froid ?*
7. *Sont-ils contents ?*
8. *Je suis malade.*

SOLUTIONS

A
1. *Je suis français.*
2. *Elle est française.*
3. *Natacha est mariée.*
4. *Nous sommes fatigués.*
5. *J'ai faim.*
6. *Je suis en retard.*
7. *Elle a de la chance.*
8. *Il a vingt ans.*

B
1. ïa oustala – Я устала
2. on jynat – Он женат
3. nam viziot – Нам везёт
4. vam jarka ? – Вам жарко ?
5. ani pravy ? – Они правы ?
6. tibie holadna ? – Тебе холодно ?
7. ani davol'ny ? – Они довольны ?
8. ïa bolin – Я болен.

Un peu de géographie (1) : La Russie ([rassi-ïa] Россия)

La Fédération de Russie se situe à l'est de l'Europe et au nord de l'Asie.
Sa superficie est de 17.075.400 km² (31 fois la France).
Le nombre d'habitants est de 147,5 millions vivant à 73 % dans les villes.
Les Russes constituent 81,5 % de la population totale.
En Russie vivent plus de 100 peuples différents. La plupart sont chrétiens, majoritairement orthodoxes. Les autres sont musulmans, bouddhistes et autres...
La capitale ([stalitsa] столица) est Moscou ([maskva] Москва) avec 8,5382 millions d'habitants.
Il y a en tout 1066 villes et 2270 bourgs.
Mises à part Moscou et Saint-Pétersbourg ([sankt pitirbourk] Санкт-Петербург) (4,801 millions d'habitants), on compte de nombreuses autres grandes villes comme Nijni-Novgorod ([nijnii novgarat] Нижний-Новгород), Kazan ([kazan'] Казань), Novossibirsk ([navasibirsk] Новосибирск), Ekatérinbourg ([ïikatirinbourk] Екатеринбург).

J'ai (je possède)

1 une voiture.
2 un travail.
3 un frère et une sœur.
4 une valise.
5 un livre.

Nous avons

6 un enfant.
7 un fils et une fille.
8 une maison.
9 le temps.
10 un guide de conversation.

Avez-vous

11 des enfants ?
12 mon adresse ?
13 de la monnaie ?
14 des journaux ?
15 le temps ?
16 un billet d'avion ?
17 de l'argent ?
18 un dictionnaire ?
19 un châle ?

Lecture : *une voiture* МАШИНА [machyna]

Ⓢ Ш → ch (toujours dur)
Ⓢ И → i
Н → n

un travail РАБОТА [rabota]

Р → r (roulé)
Ⓢ Б → b

ou minia ïest' — у меня есть

1	machyna.	машина.
2	rabota.	работа.
3	brat i sistra.	брат и сестра.
4	tchimadan.	чемодан.
5	kniga.	книга.

ou nas ïest' — у нас есть

6	ribionak.	ребёнок.
7	syn i dotch.	сын и дочь.
8	dom.	дом.
9	vriemia	время.
10	razgavornik.	разговорник.

ou vas ïest' — у вас есть

11	dieti ?	дети ?
12	moï adris ?	мой адрес ?
13	mielatch ?	мелочь ? (f., tjs sing.)*
14	gaziety ?	газеты ?
15	vriemia ?	время ?**
16	biliet na samaliot ?	билет на самолёт ?
17	dien'gi ?	деньги ? (tjs plur.)
18	slavar' ?	словарь ? (m.)*
19	chal' ?	шаль ? (f.)

* En russe, il existe un « signe mou » : ь qui indique simplement que la consonne précédente doit se prononcer « mouillée », c'est-à-dire comme si elle était suivie d'un petit « i ». Les mots se terminant par un signe « mou » sont soit du genre masculin, soit du genre féminin. Leur déclinaison est différente. Leur genre sera noté avec (m.) pour les masculins et (f.) pour les féminins.

** Outre le féminin et le masculin, il existe un troisième genre : le neutre. La plupart des noms neutres se terminent par –о ou –е. mais il existe un petit groupe de noms neutres se terminant par [–mia] –мя, qui ont une déclinaison irrégulière.

■ *J'ai*, au sens de *je possède*, est littéralement rendu par l'expression « chez moi est », formée de la préposition [ou] у, *chez* et du pronom personnel [ïa] я, *je*, décliné au génitif (cas du complément de nom ou commandé par diverses prépositions) : [minia] меня, puis du verbe *être* [byt'] быть à la 3e personne du singulier [ïest'] есть, exceptionnellement exprimé au présent pour indiquer la possession.

• [ïest'] есть est obligatoire lorsque vous demandez à quelqu'un s'il possède un objet, ou lorsque vous répondez à la question. Il se place alors juste avant le nom sur lequel porte la question :

– *Avez-vous un frère ? – Oui, j'ai un frère.*
– ou vas ïest' brat ? – da, ou minia ïest' brat.
– У вас есть брат ? – Да, у меня есть брат.

• Lorsque la question porte sur la qualité de l'objet et non sur son existence, [ïest'] есть devient inutile.

existence	qualité
– *Avez-vous une voiture ?*	– *Votre voiture est-elle française ?*
– ou vas ïest' machyna ?	– ou vas frantsouska-ïa machyna ?
– У вас есть машина ?	– У вас французская машина ?

j'ai	*un frère*	ou minia	ïest' brat	у меня	есть брат
tu as		ou tibia		у тебя	
il a		ou nivo		у него*	
elle a		ou ni-ïo		у неё	
nous avons		ou nas		у нас	
vous avez		ou vas		у вас	
ils/elles ont		ou nih		у них	

* **Remarque** : dans него, le го se prononce [vo] et non [go].

■ Il n'y a pas d'article en russe. Ainsi, [machyna] машина peut se traduire par *une voiture* ou *la voiture*.

■ Terminaison des masculins et féminins au nominatif (voir annexes, p. 142-143) :

genre	SINGULIER	PLURIEL		
masculins	en consonne dure	[Y] Ы	biliet/biliety	билет/билеты
	en signe mou [']	[I] И	slavar'/slavari	словарь/словари
féminins	en –a	[Y] Ы	machyna/machyny	машина/машины
	en signe mou [']	[I] И	chal'/chali	шаль/шали

• Le pluriel de [ribionak] ребёнок *enfant* est [dieti] дети.

A Que veulent dire ces mots en français ?

1. sistra — сестра
2. machyna — машина
3. dom — дом
4. rabota — работа
5. dotch — дочь
6. vriemia — время
7. dien'gi — деньги
8. gaziety — газеты

B Que veulent dire ces expressions en français ?

1. ou minia ïest' ribionak. — У меня есть ребёнок.
2. ou vas ïest' syn ? — У вас есть сын ?
3. ou nas ïest' dom. — У нас есть дом.
4. ou minia ïest' vriemia. — У меня есть время.
5. ou vas ïest' mielatch ? — У вас есть мелочь ?
6. ou minia ïest' machyna. — У меня есть машина.

SOLUTIONS

A
1. *sœur*
2. *voiture*
3. *maison*
4. *travail*
5. *fille*
6. *temps*
7. *argent*
8. *journaux*

B
1. *J'ai un enfant.*
2. *Avez-vous un fils ?*
3. *Nous avons une maison.*
4. *J'ai le temps.*
5. *Avez-vous de la monnaie ?*
6. *J'ai une voiture.*

Un peu de géographie (2)

• Le relief de la Russie est très varié. La plus petite partie du territoire, située sur le continent européen, se trouve aux limites de la plaine est-européenne ([vastotchna-ivrapieïska-ïa ravnina] Восточно-Европейская Равнина). Au sud se situe le Caucase ([kafkas] Кавказ), au nord-ouest les montagnes de Khibine ([hibiny] Хибины). A l'est de l'Oural ([oural] Урал) se situe la plaine ouest-sibérienne ([zapadna-sibirska-ïa ravnina] Западно-Сибирская Равнина) bordée au sud par les montagnes de la Sibérie méridionale : l'Altaï ([altaï] Алтай), les Saïans ([sa-ïany] Саяны), les Pribaïkals ([pribaïkal'ïe] Прибайкалье) et autres.

• Le climat varie de maritime à l'extrême nord-est jusqu'à extrêmement continental en Sibérie ([sibir'] Сибирь) et de mousson en Extrême-Orient ([dal'nyï vastok] Дальний Восток).

A3 Je ne suis pas / Je n'ai pas

Je ne suis pas

1 sûr(e).
2 fatigué(e).
3 prêt(e).
4 français(e).

Il / Elle n'est pas

5 heureux(se).
6 pressé(e).
7 russe.
8 en retard.

Ce n'est pas

9 facile.
10 difficile.
11 permis.
12 possible.

Je n'ai pas

13 soif.
14 faim.
15 sommeil.

Nous n'avons pas

16 d'enfants.
17 le temps.
18 d'argent.
19 de chat.
20 de billet.
21 de voiture.
22 de dictionnaire.

Lecture : *je suis sûr* Я УВЕРЕН [ïa ouvierin]

У → ou
Ⓑ → v
Ⓔ → ïe (se prononce presque comme [i] en dehors de l'accent)

A3 ïa nie / ou minia niet   я не / у меня нет

ïa ni — я не

1 ouvierin(a). — уверен(а).
2 oustal(a). — устал(а).
3 gatof/ gatova. — готов(а).
4 frantsous/franstoujynka. — француз/ француженка.

on ni / ana ni — он не /она не

5 rat/rada. — рад(а).
6 spichyt. — спешит.
7 rouskiï/rouska-ïa. — русский/русская.
8 apazdyva-it. — опаздывает.

eta — это

9 niprosta. — непросто.
10 nitroudna. — нетрудно.
11 ni razrichyno. — не разрешено.
12 nivazmojna. — невозможно.

ïa ni — я не

13 hatchou pit'. — хочу пить.
14 hatchou ïest'. — хочу есть.
15 hatchou spat'. — хочу спать.

ou nas niet — у нас нет

16 ditieï. — детей.
17 vriemini. — времени.
18 dienik. — денег.
19 kochki. — кошки.
20 bilieta. — билета.
21 machyny. — машины.
22 slavaria. — словаря.

Je suis heureux   Я РАД   [ïa rat]

(Д) d (se prononce comme [t] en fin de mot)

CONSTRUCTIONS & REMARQUES

■ Pour dire *je ne suis pas...* en russe, il suffit d'intercaler la négation [**nie**] не, correspondant au *ne... pas* français, entre le sujet et le complément. On a ainsi :

je suis français	ïa frants**ou**s	я француз
je ne suis pas français	ïa ni frants**ou**s	я не француз

• **Remarque** : la négation [nie] не ne porte pratiquement jamais l'accent tonique et se prononce donc [ni], comme si elle faisait partie du mot suivant : ïa nifrants**ou**s.

■ En russe, beaucoup d'adjectifs « à terminaison dure » (voir annexes, p. 143-144) ont deux formes : une courte et une longue.

Lorsque l'adjectif est au nominatif :

– la forme courte (pour l'adjectif attribut) est terminée :

par une consonne pour les masculins [rat] рад *heureux*

par un –**a** pour les féminins [rada] рада *heureuse*

– la forme longue (pour l'adjectif épithète) est terminée :

par [–yï] –ый ou [–oï] –ой au masculin

par [–a-ïa] –ая au féminin.

un travail difficile	tr**ou**dna-ïa rab**o**ta	трудная работа
le travail est difficile	rab**o**ta troudn**a**	работа трудна

■ *Je n'ai pas.* Pour dire que l'on n'a pas quelque chose, on emploie littéralement l'expression « *chez moi n'est pas* » à l'aide de la négation [niet] нет qui est toujours suivie du génitif :

comparez : *J'ai un chat*	ou mini**a** ïest' k**o**chka	У меня есть кошка
Je n'ai pas de chat	ou mini**a** niet k**o**chki	У меня нет кошки

■ Terminaison des noms masculins et féminins au génitif singulier (voir annexes p. 142-143) :

genre	nominatif sing.	gén. sing.	N.S./G.S.	N.S./G.S.
masculin	en consonne dure en signe mou ['] –ь	[a] a [ïa] я	biliet/bilieta slavar'/slavaria	билет/билета словарь/словаря
féminin	en –a en signe mou ['] –ь	[y] ы [i] и	machyna/machyny mielatch/mielatchi	машина/машины мелочь/мелочи

Rappel : Le signe mou, qui s'écrit ь en russe, transcrit ['], ne se prononce pas ; il indique seulement que la consonne précédente est mouillée (comme si elle était suivie d'un petit « i »).

Les phrases 8, 13, 14 et 15 contiennent des verbes. La plupart des verbes russes se terminent par [t'] ть à l'infinitif (voir A 6, p. 30 et annexes, p. 134-141).

➨ **RETENEZ BIEN :**

Le génitif de [vriemia] время, *le temps*, est [vriemini] времени.

A Que veut dire en français :

1. ïa frantsous – Я француз.
2. ana frantsoujynka – Она француженка.
3. natacha zamoujym – Наташа замужем.
4. my oustali – Мы устали.
5. ïa hatchou ïest' – Я хочу есть.
6. ïa apazdyva-ïou – Я опаздываю.
7. ïeï viziot – Ей везёт.
8. ïimou dvatsat' liet – Ему двадцать лет.

B Comment dire en russe :

1. *Je suis fatiguée.*
2. *Il est marié.*
3. *Nous avons de la chance.*
4. *Avez-vous chaud ?*
5. *Ont-ils raison ?*
6. *As-tu froid ?*
7. *Sont-ils contents ?*
8. *Je suis malade.*

SOLUTIONS

A
1. *Je suis français.*
2. *Elle est française.*
3. *Natacha est mariée.*
4. *Nous sommes fatigués.*
5. *J'ai faim.*
6. *Je suis en retard.*
7. *Elle a de la chance.*
8. *Il a vingt ans.*

B
1. ïa oustala – Я устала.
2. on jynat – Он женат.
3. nam viziot – Нам везёт.
4. vam jarka ? – Вам жарко ?
5. ani pravy ? – Они правы ?
6. tibie holadna ? – Тебе холодно ?
7. ani davol'ny ? – Они довольны ?
8. ïa bolin – Я болен.

Un peu de géographie (3)

• Les fleuves et rivières les plus importants sont d'Ouest en Est : la Volga ([volga] Волга) : 3690 km (ce qui en fait le fleuve le plus long d'Europe), l'Ob ([op'] Обь) : 4230 km, l'Ienisseï ([ïinisieï] Енисей) : 3800 km, la Léna ([liena] Лена) : 4270 km.

Les précipitations vont de 150 à 2000 mm/an.

La Russie s'étend sur 17 fuseaux horaires.

• Les températures moyennes de janvier varient entre 0°C et –50 °C, en juillet de 1 °C à 25 °C. Dans de nombreuses régions de Sibérie et de l'Extrême-Orient, le sol est gelé en permanence depuis de nombreuses années.

A4 Où est ? / Où sont ?

Où est

1 la gare ?
2 l'aéroport ?
3 l'hôtel ?
4 la banque ?
5 le musée ?
6 la poste ?
7 ma femme ?
8 mon mari ?
9 sa voiture (à lui) ?
10 son restaurant (à elle) ?
11 le centre ?
12 votre ami ?

Où sont

13 nos amis ?
14 vos invités ?
15 mes affaires ?
16 leurs parents ?
17 vos enfants ?
18 mes livres ?
19 nos valises ?
20 les toilettes ?
21 les caisses ?
22 les magasins ?

Lecture : *ma femme* МОЯ ЖЕНА [ma-ïa jyna]

Ⓞ → o, ici, se prononce presque comme [a] en dehors de l'accent
(Я) → ïa
(Ж) → j (toujours dur)
Н → n

gdie — где

1	vakzal ?	вокзал ?
2	aeraport ?	аэропорт ?
3	gastinitsa ?	гостиница ?
4	bank ?	банк ?
5	mouzieï ?	музей
6	potchta ?	почта ?
7	ma-ïa jyna ?	моя жена ?
8	moï mouch ?	мой муж ?
9	ïivo machyna ?	его машина ?
10	ïi-ïo ristaran ?	её ресторан ?
11	tsentr ?	центр ?
12	vach drouk ?	ваш друг ?

gdie — где

13	nachy drouz'ïa ?	наши друзья ?
14	vachy gosti ?	ваши гости ?
15	ma-i viechtchi ?	мои вещи ?
16	ih raditili ?	их родители ?
17	vachy dieti ?	ваши дети ?
18	ma-i knigi ?	мои книги ?
19	nachy tchimadany ?	наши чемоданы ?
20	toualiet ?	туалет ?
21	kassy ?	кассы ?
22	magaziny ?	магазины ?

mon mari МОЙ МУЖ [moï mouch]

Й → ï (comme « ille »)
У → ou
Ж → j (se prononce [ch] en fin de mot)

CONSTRUCTIONS & REMARQUES

■ *Où est ?* Le verbe *être* [byt'] быть n'étant pas exprimé au présent, le mot [gdie] где *où*, placé en tête de phrase, est directement suivi du nom au singulier ou au pluriel :

Où est l'autobus ?	gdie aftobous ?	Где автобус ?
Où sont les autobus ?	gdie aftobousy ?	Где автобусы ?

Rappel : les noms masculins en consonne dure (voire remarque 6, p. 7) et féminins en –a font généralement leur pluriel en [-y] -ы.

■ **Adjectifs possessifs :**

	masc.		fém.		pluriel	
mon, ma, mes	moï	мой	ma-ïa	моя	ma-i	мои
ton, ta, tes	tvoï	твой	tva-ïa	твоя	tva-i	твои
son, sa, ses (à lui)	ïivo	его	ïivo	его	ïivo	его
son sa, ses (à elle)	ïi-ïo	её	ïi-ïo	её	ïi-ïo	её
notre, nos	nach	наш	nacha	наша	nachy	наши
votre, vos	vach	ваш	vacha	ваша	vachy	ваши
leur, leurs	ih	их	ih	их	ih	их

■ **Remarque :** en russe, à la 3e personne, l'adjectif possessif s'accorde avec le possesseur (comme en anglais).

Ainsi, on a :

Où est sa voiture (à elle) ?	gdie ïi-ïo machyna ?	Где её машина ?
Où est sa voiture (à lui) ?	gdie ïivo machyna ?	Где его машина ?

mot à mot : *« Où est la voiture d'elle (de lui) ? »*

Il s'agit en fait du pronom personnel décliné au génitif :

ïivo	его	*de lui*	ïi-ïo	её	*d'elle*
ih	их	*d'eux*			

• En russe, *où* se traduit de deux manière différentes :

1) Ici, il se traduit par [gdie] где car il n'y a pas de mouvement.
   Exemple : *où est-il ?* gdie on ? Где он ?
2) Il se traduit par [kouda] куда lorsqu'il y a mouvement.
   Exemple : *où va-t-il ?* kouda on idiot ? Куда он идёт ?

➡ **RETENEZ BIEN :**

Le pluriel du mot [drouk] друг, *ami*, est [drouz'ïa] друзья.

A **Comment dire en russe :**

1. *Où est l'aéroport ?*
2. *Où sont mes amis ?*
3. *Où sont mes billets ?*
4. *Où est ma femme ?*
5. *Où est mon mari ?*
6. *Où sont leurs enfants ?*
7. *Où est leur voiture ?*
8. *Où est mon livre ?*
9. *Où sont les magasins ?*
10. *Où est la caisse ?*

B **Que veut dire en français ?**

1. gdie mouzieï ? Где музей ?
2. gdie magazin ? Где магазин ?
3. gdie bank ? Где банк ?
4. gdie tsentr ? Где центр ?
5. gdie vachy drouz'ïa ? Где ваши друзья ?
6. gdie tva-i viechtchi ? Где твои вещи ?
7. gdie toualiet ? Где туалет ?
8. gdie restoran ? Где ресторан ?

SOLUTIONS

A

1. gdie aeraport ? Где аэропорт ?
2. gdie ma-i drouz'ïa ? Где мои друзья ?
3. gdie ma-i biliety ? Где мои билеты
4. gdie ma-ïa jyna ? Где моя жена ?
5. gdie moï mouch ? Где мой муж ?
6. gdie ih dieti ? Где их дети ?
7. gdie ih machyna ? Где их машина ?
8. gdie ma-ïa kniga ? Где моя книга ?
9. gdie magaziny ? Где магазины ?
10. gdie kassa ? Где касса ?

B

1. *Où est le musée ?*
2. *Où est le magasin ?*
3. *Où est la banque ?*
4. *Où est le centre ?*
5. *Où sont vos amis ?*
6. *Où sont tes affaires ?*
7. *Où sont les toilettes ?*
8. *Où est le restaurant ?*

Les institutions russes

• La Russie est un Etat fédératif démocratique régi par un système de gouvernement de type républicain. La constitution actuellement en vigueur en Russie a été adoptée par voie de référendum national au suffrage universel le 12 décembre 1993.
Dans la Fédération de Russie, on compte 21 républiques, 49 régions, 2 villes d'importance nationale – Moscou et Saint-Pétersbourg –, 10 régions et territoires autonomes.
La Fédération de Russie garantit aux différents peuples le droit de conserver leur langue nationale.
Le président de la Fédération de Russie est élu au suffrage universel à bulletin secret pour 4 ans. Il est également le commandant suprême des forces armées de la Fédération de Russie.

• L'organe législatif et représentatif (le parlement) est l'Assemblée Fédérale qui se compose de deux chambres : la Douma Nationale et le Conseil Fédéral.

• Le pouvoir exécutif incombe au gouvernement de la Fédération de Russie avec à sa tête un premier ministre nommé par le président de la Fédération de Russie en accord avec la Douma Nationale.

A5 Il y a

Il y a

1 un avion de nuit.
2 un train à sept heures.

3 un musée dans la ville.
4 des magazines au kiosque.
5 un chien dans la maison.
6 le téléphone dans la voiture.
7 des verres sur la table.
8 des toilettes dans la gare.

9 un autobus là-bas.
10 un restaurant bon marché ici.

Il n'y a pas

11 de musée dans la ville.
12 de vin dans le verre.
13 de chien dans la maison.
14 de téléphone ici.
15 de cinéma là-bas.

16 de train à dix heures.

Y a-t-il

17 le téléphone dans la voiture ?
18 un restaurant bon marché ici ?
19 un musée là-bas ?
20 des verres sur la table ?

Lecture : *un avion* САМОЛЁТ [samaliot]

Ⓒ → s (toujours comme [ss])
Ⓛ → l
Ⓔ → ïo (cette voyelle porte toujours l'accent tonique)

ïest'... есть...

1	natchnoï samaliot.	ночной самолёт.
2	po-ist f siem tchisof.	поезд в семь часов.
	[…ïest'…]	[… есть…]
3	v goradi ïest' mouzieï.	В городе есть музей.
4	f kioski ïest' journaly.	В киоске есть журналы.
5	v domi ïest' sabaka.	В доме есть собака.
6	v machyni ïest' tilifon.	В машине есть телефон.
7	na stalie ïest' stakany.	На столе есть стаканы.
8	na vakzali ïest' toualiet.	На вокзале есть туалет.
9	tam ïest' aftobous.	Там есть автобус.
10	tout ïest' dichovyï ristaran.	Тут есть дешёвый ресторан.

... niet... ... нет...

11	v goradi niet mouzie-ïa	В городе нет музея.
12	f stakani niet vina.	В стакане нет вина.
13	v domi niet sabaki.	В доме нет собаки.
14	tout niet tilifona.	Тут нет телефона.
15	tam niet kinati-atra.	Там нет кинотеатра.
16	niet po-izda v diesit' tchisof.	Нет поезда в десять часов.

... ïest'... ... есть...

17	v machyni ïest' tilifon ?	В машине есть телефон ?
18	tout ïest' dichovyï ristaran ?	Тут есть дешёвый ресторан ?
19	tam ïest' mouzieï ?	Там есть музей ?
20	na stalie ïest' stakany ?	На столе есть стаканы ?

Lecture : *sept* СЕМЬ [siem']

Ⓑ → signe mou (indique que la consonne qui le précède est mouillée)

МЬ → m'

■ *Il y a* se traduit en russe par [ïest'] есть, 3e pers. du sing. du verbe *être*.
Il y a un téléphone dans la chambre se dit mot à mot en russe : « *dans [la] chambre est [un] téléphone* » f komnati ïest' tilifon в комнате есть телефон.
• C'est encore un cas où le verbe *être* est exprimé au présent (voir A 2, p. 14).

■ En russe, l'adjectif se place toujours avant le nom lorsqu'il est épithète. Il s'accorde en genre, en nombre et en cas. (Tous les adjectifs se déclinent. Voir annexes p. 143-144).

un avion de nuit	natchnoï samaliot	ночной самолёт
un livre intéressant	intiriesna-ïa kniga	интересная книга

• Pour indiquer le complément de lieu, les Russes emploient le locatif (ou prépositionnel ; voir annexes p. 141). Le complément de lieu est alors toujours précédé de la préposition : [v] в (*dans, à*) ou [na] на (*à, sur*).
Au locatif, la plupart des mots se terminent par –e au singulier (voir la déclinaison des noms dans les annexes, p. 141-143) :

в городе	v goradi	*dans la ville*
в доме	v domi	*dans la maison*

■ En russe, l'ordre des mots est assez souple. Néanmoins, dans ce type de phrase, il est préférable de commencer par le complément de lieu :

Il y a de l'eau dans le verre.
f stakani ïest' vada.
В стакане есть вода.
m. à m. : « *Dans [le] verre est [l'] eau.* »

■ *Il n'y a pas* se traduit en russe par la négation [niet] нет suivi du nom décliné au génitif singulier ou pluriel.

Il n'y a pas de téléphone ici.
tout niet tilifona.
Тут нет телефона.
m. à m. : « *Ici pas [de] téléphone .* »

• Terminaisons des masculins et féminins au génitif pluriel :

genre	nominatif sing.	gén. plur.	nom.sing./gén.plur.	nom.plur./gén.plur.
masculin	en consonne en signe mou [']	[ov] ов [ïeï] ей	biliet/bilietof slavar'/slavarieï	билет/билетов словарь/словарей
féminin	en –a en signe mou [']	 [ïeï] ей	machyna/machyn chal'/chalieï	машина/машин шаль/шалей

• Vous pouvez vous reporter aux annexes, p. 141-143, pour les autres formes du génitif. Rappelons cependant qu'il existe un certain nombre d'exeptions.

A **Que veut dire en français :**

1. ïest' po-ist v diesit' tchisof. Есть поезд в десять часов.
2. v goradi ïest' novyï mouzieï. В городе есть новый музей.
3. f stakani ïest' vino. В стакане есть вино.
4. f komnati niet tilifona. В комнате нет телефона.

B **Comment dire en russe :**

1. *Y a-t-il des magazines sur la table ?*
2. *Y a-t-il un restaurant bon marché dans la ville ?*
3. *Y a-t-il du vin dans le verre ?*

SOLUTIONS

A
1. *Il y a un train à dix heures.*
2. *Il y a un nouveau musée dans la ville.*
3. *Il y a du vin dans le verre.*
4. *Il n'y a pas le téléphone dans la chambre.*

B
1. na stalie ïest journaly ? На столе есть журналы ?
2. v goradi ïest' dichovyï ristaran ? В городе есть дешёвый ресторан ?
3. f stakani ïest' vino ? В стакане есть вино ?

Un peu d'histoire (1)

L'Etat d'ancienne Russie se forme au IXe siècle.
Vers 988, le christianisme est adopté comme religion d'Etat. A cette époque, la Russie ([Rassi-ïa] s'appelle la *Rous* ([rous'] Русь).
Un Etat de principauté puis tsariste et enfin impérialiste se développe pendant neuf siècles, profondément marqué des XIIIe au XVe par le joug tatare-mongol. Le servage ne fut aboli en Russie qu'en 1861.
Les grands tsars réformateurs de la Russie :

- **Ivan IV** dit le Terrible régna de 1533 à 1584 ; atteint de crises de folie, il est resté dans l'histoire russe comme le plus cruel des souverains malgré les grandes réformes administratives, religieuses et militaires accomplies par ses soins dans un but unificateur. C'est le premier souverain à se déclarer « *tsar* » [tsar'] царь (« Caesar »).
- **Pierre le Grand** régna de 1700 à 1725 ; doté d'une curiosité sans limite et d'une personnalité écrasante, il introduisit de nombreuses réformes dans tous les domaines, créa la ville de St-Pétersbourg, dota son pays d'une flotte puissante et donna une grande impulsion au développement des sciences. Fasciné par la culture européenne, il imposa aux boyards et à tout le pays une occidentalisation forcenée. C'est le premier souverain à se proclamer « empereur ».
- L'empereur **Nicolas II**, dernier tsar de la dynastie des Romanov, régna de 1894 à 1917. Victime de la Révolution russe, il fut assassiné avec sa femme et ses enfants par les Bolchéviks le 17 juillet 1918 à Ekatérinbourg.

A6 J'aime

J'aime

1 voyager.
2 lire.
3 regarder la télévision.
4 danser.
5 le football.
6 le café.
7 le thé.
8 le vin.
9 le sport.
10 la musique.
11 la mer.

J'aime beaucoup

12 la France.
13 la Russie.
14 la bière fraîche.
15 les fruits.
16 le chocolat.
17 le caviar.
18 la vodka.

Je n'aime pas

19 le vin.
20 la musique.
21 le café.
22 les fruits.

Lecture : *lire* ЧИТАТЬ [tchitat']

Ⓧ → tch (toujours mouillé)
И → i
ТЬ → t'

ïa lioubli**ou** — Я люб**лю**

1 poutichestvavat'. — путешествовать.
2 tchitat'. — читать.
3 smatriet' tilivizar. — смотреть телевизор.
4 tanstyvat'. — танцевать.
5 foutbol. — футбол.
6 kofi. — кофе.
7 tchaï. — чай.
8 vino. — вино.
9 sport. — спорт.
10 mouzykou. — музыку.
11 mori. — море.

ïa **o**tchin' lioubli**ou** — Я **о**чень люб**лю**

12 frantsy-ïou — Францию.
13 rassi-ïou — Россию.
14 halodna-ïe piva. — холодное пиво.
15 froukty. — фрукты.
16 chykalat. — шоколад.
17 ikrou. — икру.
18 votkou. — водку.

ïa ni lioubli**ou** — Я не люб**лю**

19 vina. — вина.
20 mouzyki. — музыки.
21 kofi. — кофе.
22 frouktof. — фруктов.

J'aime la France Я ЛЮБЛЮ ФРАНЦИЮ
[ïa lioubli**ou** frantsy-ïou]

Я	→	ïa	Ф	→	f
(Ю)	→	ïou	Л	→	l
Б	→	b	Ц	→	ts

■ *J'aime*. En russe, le verbe *aimer* est suivi d'un complément d'objet direct qui prend alors la forme de l'accusatif (voir annexes, p. 141) :

j'aime le vin	ïa	lioubliou vino	я	люблю вино
tu aimes la vodka	ty	lioubich vodkou	ты	любишь водку
il/elle aime le théâtre	on/ona	lioubit ti-atr	он/она	любит театр
nous aimons la musique	my	lioubim mouzykou	мы	любим музыку
vous aimez le sport	vy	lioubiti sport	вы	любите спорт
ils/elles aiment la Russie	ani	lioubiat rassi-ïou	они	любят Россию

cas	masculin	neutre	féminin	féminin
nom.	sport спорт	vino вино	votka водка	rassi-ïa Россия
acc.	sport спорт	vino вино	votkou водку	rassi-ïou Россию

■ En russe, il existe deux grands types de conjugaisons :
en [–i] –и et en [–ïe] –e (voir annexes, p. 136–137)
Exemple : en [–i] –и, le verbe *aimer* [lioubit'] любить (voir plus haut) ;
en [–ïe] –e, le verbe *lire* [tchitat'] читать :

je lis	ïa	tchita-ïou	я	читаю
tu lis	ty	tchita-ich	ты	читаешь
il/elle lit	on/ona	tchita-it	он/она	читает
nous lisons	my	tchita-im	мы	читаем
vous lisez	vy	tchita-iti	вы	читаете
ils/elles lisent	ani	tchita-ïout	они	читают

■ Vous avez remarqué que certains mots se terminent par –**o** ou –**e**. Ce sont des noms de genre neutre. Leur déclinaison est donnée dans les annexes, p. 143.

• Le russe comporte un certain nombre de mots étrangers de genre neutre. Ils sont alors indéclinables. Ils se terminent souvent par **e**, **o** ou **и** :

cinéma	[kino]	кино	*métro*	[mitro]	метро
café (bar)	[kafe]	кафе	*taxi*	[taksi]	такси, etc.

Exceptionnellement, [kofi] кофе *café* (boisson) est du genre masculin et est également indéclinable.

■ Le verbe *aimer* à la forme négative est suivi du génitif, comme tout verbe transitif (c'est-à-dire admettant un complément d'objet direct) en russe :

J'aime le vin	ïa lioubliou vino	Я люблю вино.
Je n'aime pas le vin	ïa ni lioubliou vina	Я не люблю вина.

Cependant, il n'est pas rare de trouver l'accusatif dans la langue parlée.

➡ **RETENEZ AUSSI :**

Je vous aime.	[ïa vas lioubliou]	Я вас люблю.
Je t'aime.	[ïa tibia lioubliou]	Я тебя люблю.
J'aime cela.	[ïa eta lioubliou]	Я это люблю.

A **Mettez à la forme négative :**

1. ïa lioubliou kofi. — Я люблю кофе.
2. my lioubim froukty. — Мы любим фрукты.

B **Comment dire en russe :**

1. *Il n'aime pas voyager.*
2. *Nous n'aimons pas le café.*
3. *Aimez-vous les journaux ?*

SOLUTIONS

A
1. ïa ni lioubliou kofi. — Я не люблю кофе.
2. my ni lioubim frouktof. — Мы не любим фруктов.

B
1. on ni lioubit poutichestvavat'. — Он не любит путешествовать.
2. my ni lioubim kofi. — Мы не любим кофе.
3. vy lioubiti tchitat' gaziety ? — Вы любите читать газеты ?

Un peu d'histoire (2)

Par la Révolution de février 1917, le pouvoir tsariste est renversé. Le 25 octobre 1917 éclate la Révolution d'octobre, dont l'organisateur et le théoricien est **Vladimir Ilitch Oulianov** dit **Lénine** ([lienin] Ленин), chef du parti bolchevique. En janvier 1918, la République Socialiste Soviétique Fédérative de Russie est créée ([r.s.f.s.r.] РСФСР). En 1922, la R.S.F.S.R. forme avec l'Ukraine, la Biélorussie, la Transcaucasie, l'Union des Républiques Socialistes Soviétiques (URSS [s.s.s.r.] СССР). Plus tard seront incorporés les Républiques d'Asie centrale, la Moldavie et les pays Baltes pour atteindre 15 républiques.
Après la mort de Lénine, le 21 janvier 1924, **Iossif Vissarionovitch Djougatchvili** dit **Staline** ([Stalin] Сталин) (du mot « acier ») devient le secrétaire général du P.C.U.S. (parti communiste de l'Union Soviétique). Durant ses 29 années à la tête du pays, Staline façonne l'Union Soviétique où il mène une industrialisation forcenée, la collectivisation des campagnes tout en veillant à l'élimination de millions d'« ennemis ». Pendant la Seconde Guerre mondiale, l'URSS apporte un lourd tribut avec plus de 20 millions de morts.
Après la mort de Staline, le 5 mars 1953, succède **Nikita Khrouchtchev** ([hrouchtchiof] Хрущёв), puis un triumvirat incluant **Leonid Brejnev** ([briejnif] Брежнев) qui s'impose jusqu'à sa mort en 1982. Après **Andropov** et **Tchernenko**, **Mikhaïl Gorbatchev** ([garbatchiof] Горбачёв) est élu secrétaire général du P.C.U.S. en 1985. Il mène des réformes audacieuses sous l'égide de la glasnost ([glasnast'] гласноть), la « transparence », et de la péréstroïka ([piristroïka] перестройка), la « réorganisation » aboutissant à l'implosion de l'Union Soviétique en 1991.

A7 Je veux / Je voudrais

Je veux / Je voudrais

1 un verre d'eau.
2 une tasse de café.
3 un journal français.
4 une facture.
5 un petit verre de vodka.
6 de la bière.
7 du vin.

8 prendre un taxi.
9 louer une voiture.
10 voir un nouveau film.

Voulez-vous / Voudriez-vous

11 encore une tasse de café ?
12 une chambre individuelle ?
13 une grande chambre ?

14 appeler un taxi ?
15 visiter l'Ermitage ?
16 téléphoner ?
17 acheter un tableau ?

Lecture : *je veux* Я ХОЧУ [ïa hatch**ou**]

я	→	ïa
ⓧ	→	h (son guttural, un peu comme un [k] soufflé)
о	→	o, non accentué, se prononce à peu près comme [a]
ч	→	tch (toujours mouillé)
у	→	ou

ïa hatchou / ïa hatiel(a) by Я хочу / Я хотел(а) бы

1	stakan vady.	стакан воды.
2	tchachkou kofi.	чашку кофе.
3	frantsouskou-ïou gazietou.	французскую газету.
4	kvitantsy-ïou.	квитанцию.
5	rioumkou vodki.	рюмку водки.
6	piva.	пива.
7	vina.	вина.
8	vziat' taksi.	взять такси.
9	vziat' naprakat machynou.	взять напрокат машину.
10	pasmatriet' novyï fil'm.	посмотреть новый фильм.

vy hatiti / vy hatieli by Вы хотите / Вы хотели бы

11	ichtcho tchachkou kofi ?	ещё чашку кофе ?
12	addiel'nyï nomir ?	отдельный номер ?
13	bal'choï nomir ?	большой номер ?
14	vyzvat' taksi ?	вызвать такси ?
15	pasitit' ermitach ?	посетить Эрмитаж ?
16	pazvanit' ?	позвонить ?
17	koupit' kartinou ?	купить картину ?

un verre d'eau СТАКАН ВОДЫ [stakan vady]

Ⓣ, Ⓚ → t, k (comme en français)

В → v

Д → d

Ы → y (i dur, un peu comme « oui » dit très vite)

CONSTRUCTIONS & REMARQUES

■ [ïa hatch**ou**] я хочу, *je veux*, est formé sur le verbe [hatiet'] хотеть, *vouloir*, qui est irrégulier et se conjugue ainsi :

je veux	ïa	hatch**ou**	я	хочу
tu veux	ty	h**o**tchich	ты	хочешь
il/elle veut	on/an**a**	h**o**tchit	он/она	хочет
nous voulons	my	hatim	мы	хотим
vous voulez	vy	hatiti	вы	хотите
ils/elles veulent	ani	hati**a**t	они	хотят

■ *Je voudrais (j'aimerais)*. En russe, le conditionnel se forme en ajoutant la particule [by] бы aux formes du passé : [ïa hati**e**l(a) by] я хотел(а) бы

Le passé se construit d'une manière très simple : il suffit, dans la plupart des cas, d'enlever la terminaison [–t'] –ть de l'infinitif, et de le remplacer par [–l] –л au masculin, [–la] –ла au féminin, [–lo] –ло au neutre et [–li] –ли au pluriel (voir annexes, p. 136) :

vouloir	hatiet'	хотеть
il voulait	on hatiel	он хотел
elle voulait	an**a** hatiela	она хотела
ils/elles voulaient	ani hatieli	они хотели

• Les constructions avec *je veux* ou *je voudrais* sont semblables en russe et en français. Ces verbes peuvent être suivis :

1) d'un nom mis au génitif (voir annexes, p. 141) :

je veux du vin — ïa hatch**ou** vin**a** — я хочу вина

Mais lorsqu'il s'agit d'un objet dénombrable, il est à l'accusatif :

je veux une revue — ïa hatch**ou** journ**a**l — я хочу журнал

Notez que le partitif *du* est rendu par le génitif en russe.

2) d'un verbe à l'infinitif :

je veux prendre un taxi
ïa hatch**ou** vziat' taksi
я хочу взять такси

■ Dans les expressions telle que *un verre d'eau, une tasse de café*, le deuxième nom a fonction, comme en français, de complément de nom et se met alors au génitif.

eau	vod**a**	вода
un verre d'eau	stak**a**n vady	стакан воды
vin	vin**o**	вино
une bouteille de vin	bout**y**lka vin**a**	бутылка вина

➡ **RETENEZ AUSSI :**

chto vy hatiti ? *Que voulez-vous ?*
tchivo vy hatiti ? *Que voulez-vous ?*
Ici, [tchiv**o**] est le génitif de [chto], *que, quoi*.

A **Comment dire en russe :**

1. *Voulez-vous un journal russe ?*
2. *Il veut une grande chambre.*
3. *Veux-tu mon adresse ?*
4. *Elle voudrait téléphoner.*

B **Mettez au conditionnel :**

1. ïa hatch**ou** koup**i**t' dom. — Я хоч**у** куп**и**ть дом.
2. ty h**o**tchich k**o**fi ? — Ты х**о**чешь к**о**фе ?
3. my hat**i**m koup**i**t' bout**y**lkou vin**a**. — Мы хот**и**м куп**и**ть бут**ы**лку вин**а**.
4. vy hat**i**ti ri**ou**mkou v**o**tki ? — Вы хот**и**те р**ю**мку в**о**дки ?

SOLUTIONS

A

1. vy hat**i**ti r**ou**skou-ïou gaz**ie**tou ? — Вы хот**и**те р**у**сскую газ**е**ту ?
2. on h**o**tchit bal'ch**o**ï n**o**mir. — Он х**о**чет больш**о**й н**о**мер.
3. ty h**o**tchich moï **a**dris ? — Ты х**о**чешь мой **а**дрес ?
4. an**a** hat**ie**la by pazvan**i**t'. — Он**а** хот**е**ла бы позвон**и**ть.

B

1. ïa hat**ie**l(a) by koup**i**t' dom. — Я хот**е**л(а) бы куп**и**ть дом.
2. ty hat**ie**l(a) by k**o**fi ? — Ты хот**е**л(а) бы к**о**фе ?
3. my hat**ie**li by koup**i**t' bout**y**lkou vin**a**. — Мы хот**е**ли бы куп**и**ть бут**ы**лку вин**а**.
4. vy hat**ie**li by ri**ou**mkou v**o**tki ? — Вы хот**е**ли бы р**ю**мку в**о**дки ?

Un peu d'histoire (3)

Après l'écroulement du mur de Berlin en novembre 1989, première brèche ouverte dans le bloc des pays communistes, les évènements s'enchaînent à une allure vertigineuse en Russie :
Le 12 mars 1990, un régime présidentiel est instauré et **Mikhaïl Gorbatchev** est élu président de l'Union Soviétique.
Le 12 juin 1990, le congrès des députés du peuple de la RSFSR adopte la proclamation de la souveraineté de la Fédération de Russie.
Le 12 juin 1991, les Russes élisent pour la première fois leur président au suffrage universel, c'est **Boris Eltsine** qui est élu président de la Fédération de Russie.
Le putsch tenté le 19 août par un « Comité d'Etat » est finalement écrasé le 21 août.
Le 25 août 1991, le Comité Central du Parti Communiste de l'Union Soviétique qui fut à la tête de l'Etat pendant plus de 70 ans prononce sa dissolution. Le 11 octobre, c'est le tour du K.G.B. remplacé en Russie par le F.S.B. (*Service Fédéral de Sécurité* [fidir**a**lna-ïa sl**ou**jba bizap**a**snasti] Федер**а**льная Сл**у**жба Безоп**а**сности).
Le 8 décembre 1991, l'U.R.S.S. cesse d'exister et la Russie entre dans la Confédération des Etats Indépendants (*CEI* [s.n.ge.] С.Н.Г.).
Le 12 décembre 1993, la Constitution de la Fédération de Russie est adoptée par référendum et les électeurs élisent un Parlement bicaméral composé du Conseil de la fédération et de la Douma d'Etat.
De nos jours, la Russie est en train d'accomplir sa transition vers la démocratie et une économie de marché.

A8 Pouvez-vous... ? / Savez-vous... ?

Pouvez-vous

1 rester ?
2 me donner votre adresse ?
3 parler lentement ?
4 parler anglais ?
5 me passer le sel ?

Pouvez-vous me dire

6 quelle heure il est ?
7 à quelle heure... ?
8 combien ça coûte ?

Savez-vous

9 jouer de la guitare ?
10 parler français ?
11 danser ?
12 conduire une voiture ?

Puis-je

13 téléphoner ?
14 parler français ?
15 vous poser une question ?

Je ne sais pas

16 jouer du piano.
17 bien parler russe.
18 faire la cuisine.
19 taper à la machine.

Lecture : *je peux* Я МОГУ [ïa mag**ou**]

Ⓜ → m (comme en français)
(Г) → g (toujours comme dans « gare » ou « gui »)
У → ou

vy mojyti — Вы можете

1	astatsa ?	остаться ?
2	dat' mnie vach adris ?	дать мне ваш адрес ?
3	gavarit' miedlinna ?	говорить медленно ?
4	gavarit' pa-angliïski ?	говорить по-английски ?
5	piridat' mnie sol'.	передать мне соль ?

skajyti, pajalousta, — Скажите, пожалуйста,

6	katoryï tchas ?	который час ?
7	f katoram tchisou… ?	в котором часу… ?
8	skol'ka eta sto-it ?	сколько это стоит ?

vy oumie-iti — Вы умеете

9	igrat' na gitari ?	играть на гитаре ?
10	gavarit' pa-frantsouski ?	говорить по-французски ?
11	tantsyvat' ?	танцевать ?
12	vadit' machynou ?	водить машину ?

ïa magou — Я могу

13	pazvanit' ?	позвонить ?
14	gavarit' pa-frantsouski ?	говорить по-французски ?
15	vas sprasit' ?	вас спросить ?

ïa ni oumie-ïou — Я не умею

16	igrat' na pi-anina.	играть на пианино.
17	haracho gavarit' pa-rouski.	хорошо говорить по-русски.
18	gatovit.	готовить.
19	pitchatat' (na machynki).	печатать (на машинке).

s'il vous plaît ПОЖАЛУЙСТА [pajalousta]

Ⓟ → p
Ж → j (toujours dur)
Й → ï (dans ce mot, exceptionnellement non prononcé)

A8 Pouvez-vous... ? Savez-vous... ? — CONSTRUCTIONS & REMARQUES

■ [ïa magou] я могу se traduit par *je peux* au sens de *je suis capable de, j'ai la possibilité de*. Le verbe [motch] мочь, *pouvoir*, est irrégulier (voir la conjugaison dans les annexes, p. 140).

Peut-il rester ? on mojyt astatsa ? Он может остаться ?

• En russe, le verbe *rester* est réfléchi. Tous les verbes réfléchis se terminent par [tsa] ться :

tsylavatsa	целоваться	*s'embrasser*
koupatsa	купаться	*se baigner*

Mais les verbes réfléchis russes ne correspondent pas toujours aux verbes réfléchis français. Par exemple : [astatsa] остаться *rester*.

Attention : –ться se prononce [–tsa] (dur).

■ Le verbe [oumiet'] уметь se traduit par *savoir* au sens de *savoir faire quelque chose, posséder l'art de* :

Sait-il jouer de la guitare ?
on oumie-it igrat' na gitari ?
Он умеет играть на гитаре ?

■ *Pouvez-vous (pourriez-vous) me dire quelle heure il est ?* peut se rendre par :

skajyti, pajalousta, katoryï tchas ?
Скажите, пожалуйста, который час ?
vy ni skajyti, katoryï tchas ?
Вы не скажете, который час ?

m. à m. : « *Dites-moi, s'il vous plaît, quelle heure il est.* »
et : « *Vous ne me direz pas quelle heure il est ?* »

• Le verbe *jouer*, lorsqu'il s'agit d'un instrument de musique, s'emploie ainsi :

[igrat'] играть + [na] на + nom de l'instrument au locatif (voir annexes, p. 141)

Jouez-vous de la balalaïka ?
vy igra-iti na balalaïki ?
Вы играете на балалайке ?

➨ **RETENEZ AUSSI :**

parler russe	gavarit' pa-rouski	говорить по-русски
français	pa-frantsouski	по-французски
anglais	pa-angliïski	по-английски
espagnol	pa-ispanski	по-испански
allemand	pa-nimietski	по-немецки

A8	vy mojyti… ? vy oumie-iti… ?	ENTRAÎNEZ-VOUS	Вы можете… ? Вы умеете… ?

A **Comment dire en russe :**

1. *Pouvez-vous téléphoner ?*
2. *Peut-il parler lentement ?*
3. *Puis-je vous poser une question ?*
4. *Puis-je téléphoner ?*
5. *Pouvez-vous rester ?*
6. *Vous pouvez me dire oui ?*
7. *Pouvez-vous me dire où il y a un téléphone ici ?*

B **Mettez à la forme négative :**

1. ïa oumie-ïou tantsyvat'. Я умею танцевать.
2. on oumie-it vadit' machynou. Он умеет водить машину.
3. ana oumie-it pitchatat'. Она умеет печатать.

SOLUTIONS

A
1. vy mojyti pazvanit' ? Вы можете позвонить ?
2. on mojyt gavarit' miedlenna ? Он может говорить медленно ?
3. ïa magou vas sprasit' ? Я могу вас спросить ?
4. ïa magou pazvanit' ? Я могу позвонить ?
5. vy mojyti astatsa ? Вы можете остаться ?
6. vy mojyti skazat' mnie da ? Вы можете сказать мне да ?
7. vy ni skajyti, gdie tout tilifon ? Вы не скажете, где тут телефон ?

B
1. ïa ni oumie-ïou tantsyvat'. Я не умею танцевать.
2. on ni oumie-it vadit' machynou. Он не умеет водить машину.
3. ana ni oumie-it pitchatat'. Она не умеет печатать.

La Langue russe et son alphabet

• Parlée par plus de 230 millions de personnes, la langue russe appartient à la famille des langues indo-européennes et en particulier au groupe des langues slaves de l'Est. Elle est l'une des six langues de travail officielles de l'Organisation des Nations Unies.

• L'alphabet russe actuel, tel qu'il existe depuis 1918, prend ses racines dans l'alphabet cyrillique (XIIIe s.) qui est l'un des deux premiers alphabets slaves avec l'alphabet glagolitique (IXe s.). On doit l'origine de cet alphabet à deux civilisateurs slaves, Cyrille et Méthode qui l'ont créé au IXe s. sur les bases de l'écriture grecque majuscule en y ajoutant certaines lettres pour écrire le *slavon*. En 1708, l'alphabet est réformé et forme la base de l'alphabet russe actuel.

Cet alphabet comprend 33 lettres : 20 consonnes et 10 voyelles ainsi que deux signes (mou et dur) et le i bref. L'alphabet russe a servi de base à l'élaboration d'une écriture pour de nombreuses langues des peuples de l'ex-Union Soviétique qui ne possédait pas encore d'alphabet.

A9 Quand... ? / A quelle heure... ?

Quand

1 viendra-t-il ?
2 voulez-vous venir ?
3 les avez-vous vus ?
4 dînez-vous ?

A quelle heure

5 viendront-ils ?
6 déjeunent-ils ?
7 ferme le magasin ?
8 ouvre le bar ?
9 part le train ?

Quelle heure est-il ? Il est

10 7 h 10
(sept heures dix)
11 15 h 30
(quinze heures trente)
12 17 h 45
(dix-sept heures quarante-cinq)
13 19 h
(dix-neuf heures)
14 23 h 05
(vingt-trois heures cinq)

Lecture : *venir* ПРИЙТИ [priïti]

П → p
Р → r
И → i
Й → ï (comme dans « filles »)

A9	kagda… ?	Когда… ?
	f katoram tchisou… ?	В котором часу… ?

kagda — Когда.

1	on pridiot ?	он придёт ?
2	vy hatiti priïti ?	вы хотите прийти ?
3	vy ih vidili ?	вы их видели ?
4	vy oujyna-iti ?	вы ужинаете ?

f katoram tchisou — В котором часу

5	oni pridout ?	они придут ?
6	ani abieda-ïout ?	они обедают ?
7	zakryva-itsa magazin ?	закрывается магазин ?
8	atkryva-itsa bar ?	открывается бар ?
9	atpravlia-itsa po-ist ?	отправляется поезд ?

katoryï tchas ? Sitchas… — Который час ? Сейчас…

10	siem' tchisof diesit' minout.	семь часов десять минут.
11	pitnatsat' tchisof tritsat' minout.	пятнадцать часов тридцать минут.
12	simnatsat' tchisof sorak piat'minout.	семнадцать часов сорок пять минут.
13	divitnatsat' tchisof.	девятнадцать часов.
14	dvatsat' tri tchisa piat' minout.	двадцать три часа пять минут.

quand КОГДА [kagda]

К → k

Г → g

Д → d

CONSTRUCTIONS & REMARQUES

■ *A quelle heure (quand) viendrez-vous ?*

f katoram tchisou (kagda) vy pridioti ?
В котором часу (когда) вы придёте ?

• [tchisou] часу est le locatif de [tchas] час *heure*. Certains noms masculins font leur locatif en [–ou] –у accentué quand ils sont précédés des prépositions [v] в, ou [na] на :

na mastou	на мосту	*sur le pont*
v aerapartou	в аэропорту	*à l'aéroport*

• Futur simple du verbe [priïti] прийти venir, arriver à pied :

je viendrai	ïa	pridou	я	приду
tu viendras	ty	pridioch	ты	придёшь
il/elle viendra	on/ana	pridiot	он/она	придёт
nous viendrons	my	pridiom	мы	придём
vous viendrez	vy	pridioti	вы	придёте
ils/elles viendront	ani	pridout	они	придут

■ Dans les situations officielles (à la radio, à la télévision, etc.), l'heure est indiquée comme en France : le nombre d'heures suivi du nombre de minutes.
Il est 7 h 15 (*sept heures quinze*) se dit :

sitchas siem' tchisof pitnatsat' minout
сейчас семь часов пятнадцать минут
m. à m. : « *maintenant sept heures quinze minutes* »
(La liste des nombres est donnée p. 133.)

• Attention à la prononciation de [sitchas] сейчас, *maintenant*.

• L'adjectif numéral *un, une* se dit en russe :
[adin] один (masc.), [adna] одна (fém.), [adno] одно (neutre)
Il s'accorde en genre et en cas avec le nom qui le suit.

• *deux* se dit [dva] два (masc. et neutre), [dvie] две (fém.).

• Les noms qui suivent les numéraux sont aux cas suivants :

2 dva dvie	два две	+ génitif singulier
3 tri	три	
4 tchityri	четыре	
5 piat' etc.	пять	+ génitif pluriel

Attention : pour dire *23 h 00 (vingt-trois heures)*, le 3 de *vingt-trois* est suivi du génitif singulier :

dvatsat' tri tchisa
двадцать три часа

■ Nous vous avons donné la formulation officielle de l'heure, qui est la plus simple à retenir et qui vous suffira pour communiquer. Les Russes emploient entre eux une construction plus complexe que vous pourrez apprendre si vous approfondissez l'étude de la langue.

A 9	kagda... ? f katoram tchisou... ?	ENTRAÎNEZ-VOUS	Когда... ? В котором часу... ?

A **Posez les questions correspondantes :**

1. on pazvanit f tri tchisa. — Он позвонит в три часа.
2. My zaftraka-im v vosim tchisof. — Мы завтракаем в восемь часов.

B **Comment dire en russe :**

1. *Il est neuf heures.*
2. *Il est treize heures dix.*
3. *Il est vingt-deux heures cinq.*
4. *Il est sept heures quarante.*

SOLUTIONS

A

1. kagda (f katoram tchisou) on pazvanit ? — Когда (в котором часу) он позвонит ?
2. kagda (f katoram tchisou) my zaftraka-im ? — Когда (в котором часу) мы завтракаем ?

B

1. sitchas dievit' tchisof. — Сейчас девять часов.
2. sitchas trinatsat' tchisof diesit' minout. — Сейчас тринадцать часов десять минут.
3. sitchas dvatsat' dva tchisa piat' minout. — Сейчас двадцать два часа пять минут.
4. sitchas siem' tchisof sorak minout. — Сейчас семь часов сорок минут.

L'hymne national russe

Le nouveau texte de l'hymne national russe a été adopté le 30 décembre 2000.

La première version de l'hymne national soviétique est apparut en 1943, la deuxième en 1977. L'auteur des trois versions se trouve être le poète **Sergueï Mikhalkov** (le père de **Nikita Mikhalkov**, le réalisateur de cinéma). Les deux premières versions furent écrites en collaboration avec El-Registan. La deuxième version était moins guerrière et Staline n'y était déjà plus mentionné. Dans la dernière version, on a également retiré les nombreuses références à Lénine. La mélodie, quant à elle, n'a pas changé.

Voici les paroles du refrain qui se répètent trois fois de suite lors de l'exécution de l'hymne national :

Vive notre patrie libre,
L'union centenaire des peuples frères,
La sagesse populaire donnée par nos ancêtres !
Vive ce pays qui nous rend si fiers !

A 10 Je sais / Savez-vous ? / Je crois

Je sais

1 la réponse.
2 qu'il est malade.
3 que vous êtes fatigués.
4 qu'elle est en vacances.
5 qu'il l'aime.
6 que vous n'aimez pas le football.

7 Je ne sais rien.

Savez-vous

8 quand il viendra ?
9 à quelle heure est l'avion ?

10 qui est cette personne ?
11 qui c'est ?
12 où il travaille ?
13 où est cette rue ?
14 où il y a un téléphone ici ?
15 pourquoi elle est en colère ?

Je crois

16 qu'il a raison.
17 qu'elle l'aime.
18 qu'il a trente ans.
19 que c'est bien.
20 que tes affaires sont là-bas.

Lecture : *c'est bien* ЭТО ХОРОШО [eta haracho]

Э → e (comme è en français)
Х → h
Ш → ch (toujours dur)

ïa zna-ïou — Я знаю

1	atviet.	ответ.
2	chto on bolin.	что он болен.
3	chto vy oustali.	что вы устали.
4	chto ana v otpouski.	что она в отпуске.
5	chto on ïi-ïo lioubit.	что он её любит.
6	chto vy ni lioubiti foutbol.	что вы не любите футбол.
7	ïa nitchivo ni zna-ïou.	Я ничего не знаю.

vy zna-iti — Вы знаете

8	kagda on pridiot ?	когда он придёт ?
9	f katoram tchisou samaliot ?	в котором часу самолёт ?
10	kto etat tchilaviek ?	кто этот человек ?
11	kto eta ?	кто это ?
12	gdie on rabota-it ?	где он работает ?
13	gdie eta oulitsa ?	где это улица ?
14	gdie tout tilifon ?	где тут телефон ?
15	patchimou ana sierditsa ?	почему она сердится ?

ïa douma-ïou — Я думаю

16	chto on praf.	что он прав.
17	chto ana ïivo lioubit.	что она его любит.
18	chto ïimou tritsat' liet.	что ему тридцать лет.
19	chto eta haracho.	что это хорошо.
20	chto tva-i viechtchi tam.	что твои вещи там.

tes affaires ТВОИ ВЕЩИ [tva-i viechtchi]

В → v
И → i
Щ → chtch (comme dans « chien »)

CONSTRUCTIONS & REMARQUES

■ *Je sais (je connais)* [ïa z**na**-ïou] я знаю.
Le verbe [znat'] знать *savoir, connaître* peut être suivi comme en français :

– d'un nom ou d'un pronom :

Je sais la réponse.	ïa zn**a**-ïou atviet	Я знаю ответ.
Je le sais.	ïa **e**ta zn**a**-ïou	Я это знаю.

– d'un verbe conjugué, précédé de la conjonction [chto] что, *que* :
Je sais qu'il a raison.
ïa zn**a**-ïou, chto on praf.
Я знаю, что он прав.

• **Attention** à la prononciation de [chto] что : dans ce mot, ч se prononce exceptionnellement [ch].

■ [kto] кто *qui* est un pronom interrogatif ou relatif :
Qui est-ce ? kto **e**ta ? Кто это ?
Je sais qui a fait ça.
ïa zn**a**-ïou, kto **e**ta zdi**e**lal.
Я знаю, кто это сделал.

• [kto] кто est toujours masculin.

■ *Je crois (je pense)* [ïa d**ou**ma-ïou] я думаю.
Le verbe [d**ou**mat'] думать est suivi d'un verbe conjugué, précédé de la conjonction [chto] что :
Je pense que vous avez raison.
ïa d**ou**ma-ïou, chto vy pr**a**vy.
Я думаю, что вы правы.

• A l'écrit, les conjonctions sont toujours précédées d'une virgule.

■ *Rien* [nitchev**o**] ничего. Ici го, se prononce [vo].

• [chto] что, *que, quoi*, est également pronom interrogatif et pronom relatif :

chto **e**ta ?	Что это ?	*Qu'est-ce que c'est ?*
ïa zn**a**-ïou, chto **e**ta.	Я знаю, что это.	*Je sais ce que c'est.*

[chto] что est toujours neutre.

➡ **RETENEZ AUSSI :**

- *Qu'en savez (pensez)-vous ?* chto vy zn**a**-iti (d**ou**ma-iti) ab **e**tam ? *(Que savez (pensez)-vous de cela)* Что вы знаете (думаете) об этом ?
- En russe, les verbes *savoir et penser* s'emploient avec la préposition [o] о suivie du locatif. Le locatif de [**e**ta] это (*cela/ce*) est [**e**tam] этом.
- La préposition [o] о devient [ob] об devant un mot commençant par une voyelle.

A **Que veut dire en français :**

1. vy douma-iti, chto ana pridiot ? Вы думаете, что она придёт ?
2. ïa nitchivo ni zna-ïou. Я ничего не знаю.
3. ïa zna-ïou, chto ani oustali. Я знаю, что они устали.
4. vy zna-iti atviet ? Вы знаете ответ ?
5. ïa eta zna-ïou. Я это знаю.

B **Comment dire en russe :**

1. *Je ne sais pas quand il viendra.*
2. *Savez-vous qui est cette personne ?*
3. *Sais-tu où sont les caisses ici ?*

SOLUTIONS

A
1. *Croyez-vous qu'elle viendra ?*
2. *Je ne sais rien.*
3. *Je sais qu'ils sont fatigués.*
4. *Vous savez la réponse ?*
5. *Je le sais.*

B
1. ïa ni zna-ïou, kagda on pridiot. Я не знаю, когда он придёт.
2. vy zna-iti, kto etot tchilaviek ? Вы знаете, кто этот человек ?
3. ty zna-ich, gdie tout kassy ? Ты знаешь, где тут кассы ?

Les jours fériés en Russie

1er et 2 janvier : *Nouvel An* ([novyï got] Новый Год)
7 janvier : *Noël* ([rajdistvo hristova] Рождество Христово)
(Les 7 et 13 janvier correspondent respectivement au Noël russe et au Nouvel An russe fêtés par les orthodoxes 13 jours après les autres chrétiens en accord avec le calendrier orthodoxe mais le 13 janvier n'est pas un jour férié en Russie).
23 février : Jour du Défenseur de la Patrie ([dien zachtchitnika otietchistva] День Защитника Отечества) – auparavant appelé « Jour de l'Armée Soviétique ».
8 mars : Journée internationale de la femme ([mijdounarodnyï jenskiï dien'] Международный Женский День)
1er et 2 mai : Fête du Printemps et du Travail ([pierva-ïe ma-ïa] Первое мая)
9 mai : Jour de la victoire (9 mai 1945) ([dien' pabiedy] День Победы)
12 juin : Jour de l'adoption de la déclaration de la souveraineté nationale de la Fédération de Russie ou « Jour de la Russie » (12 juin 1990)
7 novembre : Jour de la Concorde et de la Réconciliation, anciennement Fête de la Révolution d'Octobre (7 novembre 1917)
12 décembre : Jour de la Constitution (12 décembre 1993)

A11 Trop / Peu / Un peu / Beaucoup

Trop

1 Il est trop tôt.
2 Il est trop tard.
3 Je suis trop fatigué.
4 Il est trop jeune.
5 Vous êtes trop aimable.

Trop de

6 Il y a trop de voitures.
7 Il y a trop de gens.
8 Il y a trop de travail.

Peu

9 J'ai peu de temps.
10 Nous avons peu d'argent.
11 Il mange peu.

Un peu

12 Je suis un peu fatigué.
13 Donnez-moi un peu d'eau.

Beaucoup

14 Il y a beaucoup d'eau dans le verre.
15 Il y a beaucoup de journaux sur la table.
16 Il travaille beaucoup.

Dans les leçons A 1 à A 10, vous avez pu vous familiariser avec l'alphabet russe. Entraînez-vous en vous reportant à notre transcription.

slichkam — Слишком

1 slichkam rana. — Слишком рано.
2 slichkam pozna. — Слишком поздно.
3 ïa slichkam oustal. — Я слишком устал.
4 on slichkam molat. — Он слишком молод.
5 vy slichkam lioubiezny. — Вы слишком любезны.

slichkam mnoga — Слишком много

6 slichkam mnoga machyn. — Слишком много машин.
7 slichkam mnoga lioudieï. — Слишком много людей.
8 slichkam mnoga raboty. — Слишком много работы.

mala — Мало

9 ou minia mala vriemini. — У меня мало времени.
10 ou nas mala dienik. — У нас мало денег.
11 on mala ïest'. — Он мало есть.

nimnoga — Немного

12 ïa nimnoga oustal. — Я немного устал.
13 daïti mnie nimnoga vady. — Дайте мне немного воды.

mnoga — Много

14 f stakani mnoga vady. — В стакане много воды.
15 na stalie mnoga gaziet. — На столе много газет.
16 on mnoga rabota-it. — Он много работает.

trop СЛИШКОМ [slichkam]

CONSTRUCTIONS & REMARQUES

■ *Trop* se traduit par :

trop + adjectif
trop + adverbe } (intensité) [slichkam] слишком

La table est trop grande.	stol slichkam bal'choï.	Стол слишком большой.
C'est trop difficile.	eta slichkam troudna.	Это слишком трудно.

trop + verbe
trop de + nom au génitif } (quantité) [slichkam mnoga] слишком много

Il travaille trop.	on slichkam mnoga rabota-it	Он слишком много работает.
trop de travail	slichkam mnoga raboty	слишком много работы

■ *Peu* est rendu par [mala] мало, qui signifie :

1) *peu* 2) *trop peu* ou *pas assez* :

on mala gavaril. Он мало говорил. signifie : *Il parlait peu.*

ou minia mala dienik. У меня мало денег. peut signifier :
1) *J'ai peu d'argent.* 2) *Je n'ai pas assez d'argent.*
en fonction du contexte.

■ *Un peu* se traduit par [nimnoga] немного.

un peu + nom au génitif :

un peu de vin	nimnoga vina	немного вина

un peu + adjectif :

un peu fatigué	nimnoga oustal	немного устал

■ *Beaucoup* se traduit par [mnoga] много ou [otchin'] очень.

beaucoup + nom au génitif :

beaucoup d'eau	mnoga vady	много воды

beaucoup + verbe :

Il dort beaucoup	on mnoga spit.	Он много спит.
Elle aime beaucoup Paris	ana otchin' lioubit Parich	она очень любит Париж

- En russe, la plupart des adverbes se terminent par [o] o :
  bien : [haracho] хорошо *mal* : [ploha] плохо
  mais notez bien que si le [o] o n'est pas accentué il se prononce [a].
- En règle général, les adverbes se placent avant le verbe.

➠ RETENEZ AUSSI :

un petit peu	[nimnochka]	немножко
un petit peu plus	[nimnochka bol'chy]	немножко больше
un tout petit peu	[tchout'-tchout']	чуть-чуть

A Comment dire en russe :

1. *Le train part trop tôt.*
2. *Vous êtes trop jeune.*
3. *Il a trop de travail.*
4. *Je suis un peu fatigué.*

B Dites le contraire :

1. ou minia mala vriemini. — У меня мало времени.
2. on mala rabota-it. — Он мало работает.
3. v goradi mnoga machyn. — В городе много машин.
4. v vazi mnoga vady. — В вазе много воды.

SOLUTIONS

A

1. po-ist atpravlia-itsa slichkam rana. — Поезд отправляется слишком рано.
2. vy slichkam molady. — Вы слишком молоды.
3. ou nivo slichkam mnoga raboty. — У него слишком много работы.
4. ïa nimnoga oustal. — Я немного устал.

B

1. ou minia mnoga vriemini. — У меня много времени.
2. on mnoga rabota-it. — Он много работает.
3. v gorodi mala machyn. — В городе мало машин.
4. v vazi mala vady. — В вазе мало воды.

Pouchkine, le père de la littérature russe

Si vous demandez à un Russe de nommer un seul écrivain parmi les plus célèbres de Russie, tous répondront : **Alexandre Pouchkine**. Cet écrivain et poète russe, né à Moscou en 1799 et mort en 1837 lors d'un duel contre un Français, le baron d'Anthès, est considéré comme le père de la littérature et de la langue littéraire russe. Pouchkine a pour la première fois posé les thèmes de la littérature russe. Par exemple, le peuple comme force de changement (*Boris Godounov*), les rapports entre l'individu et la société (*Eugène Onéguine*), la destinée d'un homme simple (*Les Récits de Bielkine*), le pouvoir de l'argent sur l'âme humaine (*La Dame de pique*), l'amour, la création, la mort. Auteur également de courtes tragédies comme *Mozart et Salieri, Le Convive de Pierre*. La poésie de Pouchkine, alliant l'élément national et l'universalité, a su atteindre les plus hauts sommets de l'art littéraire par son équilibre et sa beauté.

A12 Combien ?

Combien

1 ça coûte ?
2 vous dois-je ?
3 en voulez-vous ?

4 avez-vous d'enfants ?
5 avez-vous de frères et sœurs ?
6 avez-vous de valises ?
7 de temps avez-vous ?
8 d'argent avez-vous ?

9 Quel âge avez-vous ?

Combien de temps

10 faut-il pour cela ?
11 resterez-vous à Saint-Pétersbourg ?

Depuis combien de temps

12 attendez-vous ?
13 êtes-vous marié ?
14 êtes-vous mariée ?
15 travaillez-vous à Moscou ?
16 conduisez-vous une voiture ?

je dois (pour un homme)	Я ДОЛЖЕН	[ïa **do**ljyn]
je dois (pour une femme)	Я ДОЛЖН**А**	[ïa doljn**a**]

A12 skol'ka ? — Сколько ?

skol'ka — Сколько

1	(eta) sto-it ?	это стоит ?
2	ïa (vam) doljyn/daljna ?	я вам должен/должна
3	vy hatiti ?	вы хотите ?
4	ou vas ditieï	у вас детей ?
5	ou vas brat'if i sistior ?	у вас братьев и сестёр ?
6	ou vas tchimadanaf ?	у вас чемоданов ?
7	ou vas vriemini ?	у вас времени ?
8	ou vas dienik ?	у вас денег ?
9	vam liet ?	вам лет ?

skol'ka vriemini — Сколько времени

10	noujna na eta ?	нужно на это ?
11	vy bouditi f sankt-pitirbourgi ?	вы будете в Санкт-Петербурге ?

skol'ka vriemini (kak dolga) — Сколько времени (Как долго)

12	vy jdioti ?	вы ждёте ?
13	vy jynati ?	вы женаты ?
14	vy zamoujym ?	вы замужем ?
15	vy rabota-iti v maskvie ?	вы работаете в Москве ?
16	vy voditi machynou ?	вы водите машину ?

Etes-vous mariée ?	ВЫ ЗАМУЖЕМ ?	[vy zamoujym ?]
Etes-vous marié ?	ВЫ ЖЕНАТЫ ?	[vy jynaty ?]

■ [skol'ka] сколько *combien* est suivi d'un nom au génitif pluriel, ou singulier lorsqu'il n'existe pas de pluriel :

skol'ka dienik ? Сколько денег ? *Combien d'argent ?*

■ *Combien de temps cela prend-il ?* se traduit par :

skol'ka vriemini noujna na eta ? Сколько времени нужно на это ?
m. à m. : « *Combien de temps faut-il pour cela ?* »
Il faut se traduit par [noujna] нужно.

■ *Depuis combien de temps ?* peut se traduire par :

skol'ka vriemini ? Сколько времени ?

ou bien par : kak dolga ? Как долго ?
m. à m. : « *Combien longtemps ?* » = « *Quelle durée ?* »

Exemple : *Depuis combien de temps attendez-vous ?*
kak dolga vy jdioti ? Как долго вы ждёте ?

■ *Combien avez-vous de ... ?* [skol'ka ou vas... ?] Сколько у вас ... ? se traduit littéralement par « *Combien est chez vous de... ?* » (cf. A 2, p. 14).

■ *Combien vous dois-je ?* est construit à l'aide du verbe *devoir* qui prend la forme [doljyn] должен au masculin, [daljna] должна au féminin et [doljny] должны au pluriel.

■ *Quel âge avez-vous ?* [skol'ka vam liet] Сколько вам лет ? se traduit mot à mot par « *Combien d'années à vous ?* » et se construit avec un pronom (ou un nom) au datif (voir A 1, p. 10) :

Quel âge as-tu ?	skol'ka tibie liet ?	Сколько тебе лет ?
Quel âge a-t-il ?	skol'ka ïimou liet ?	Сколько ему лет ?
Quel âge a-t-elle ?	skol'ka ïeï liet ?	Сколько ей лет ?

■ Pour rendre *vous resterez à Saint-Pétersbourg*, on dit :

vous serez... [vy bouditi] вы будете (voir la conjugaison du verbe être au futur dans les annexes, p. 138).

➡ **RETENEZ BIEN :**

Tous les mots suivants ont une déclinaison irrégulière :

	nominatif singulier		nominatif pluriel		génitif pluriel	
enfant	ribionak	ребёнок	dieti	дети	ditieï	детей
ami	drouk	друг	drouz'ïa	друзья	drouzieï	друзей
frère	brat	брат	brat'ïa	братья	bratief	братьев
sœur	sistra	сестра	siostry	сёстры	sistior	сестёр

A **Comment dire en russe ?**

1. *Quel âge a-t-il ?*
2. *Combien vous dois-je ?*
3. *Combien ça coûte ?*
4. *Combien avez-vous de valises ?*

B **Posez la question correspondante :**

1. on b**ou**dit v maskv**ie** ad**i**n dien'. Он б**у**дет в Москв**е** од**и**н день.
2. ïa jd**ou** dva tchis**a**. Я жд**у** два час**а**.
3. my rab**o**ta-im f pitirb**ou**rgi ad**i**n got. Мы раб**о**таем в Петерб**у**рге од**и**н год.

SOLUTIONS

A
1. sk**o**l'ka ïim**ou** liet ? Ск**о**лька ем**у** лет ?
2. sk**o**l'ka ïa vam d**o**ljyn/ doljn**a** ? Ск**о**лько я вам д**о**лжен/ должн**а** ?
3. sk**o**l'ka **e**ta st**o**-it ? Ск**о**лько **э**то ст**о**ит ?
4. sk**o**l'ka ou vas tchimad**a**naf ? Ск**о**лько у вас чемод**а**нов ?

B
1. sk**o**l'ka vri**e**mini (kak d**o**lga) on b**ou**dit v maskv**ie** ? Ск**о**лько вр**е**мени (как д**о**лго) он б**у**дет в Москв**е** ?
2. sk**o**l'ka vri**e**mini (kak d**o**lga) vy jdi**o**ti ? Ск**о**лько вр**е**мени (как д**о**лга) вы ждёте ?
3. sk**o**l'ka vri**e**mini (kak d**o**lga) vy rab**o**ta-iti v pitirb**ou**rgi ? Ск**о**лько вр**е**мени (как д**о**лго) вы раб**о**таете в Петерб**у**рге ?

La Pâque russe

La Pâque russe est la plus importante fête religieuse en Russie. C'est l'occasion pour les Russes de préparer des gâteaux de fête : le *koulitch* ([koul**i**tch] кул**и**ч) et la *paskha* ([p**a**sha] п**а**сха) préparé à base de fromage blanc, beurre, sucre, amandes pilées et fruits confits. On peint aussi des œufs selon plusieurs procédés : on peut teindre de vrais œufs en les cuisant avec des plantes aux propriétés colorantes ou bien on peut peindre de vrais œufs ou des œufs en bois. Les gâteaux et les œufs sont ensuite bénis à l'église où se déroule une première grande messe de Pâques le samedi soir et une autre le dimanche matin. Ensuite la famille se réunit autour d'un repas et mange œufs et gâteaux. A la cour de Russie, cette fête a donné l'occasion aux tsars **Alexandre III** et **Nicolas II** de commander à l'illustre maison d'orfèvrerie pétersbourgeoise Fabergé l'exécution d'œuvres d'art exceptionnelles : les fameux œufs à surprises de Fabergé, en argent, or, pierres précieuses, ivoire et émaux, à système de fermoir, recelant à l'intérieur de très précieuses pièces d'orfèvrerie miniatures s'emboîtant les unes dans les autres.

A13 Est-ce que… ? / Qu'est-ce que… ?

Est-ce que

1 c'est vrai ?
2 c'est difficile ?
3 c'est cher ?
4 c'est possible ?

5 je peux téléphoner ?
6 vous vendez votre maison ?
7 vous achetez une voiture ?
8 vous acceptez les devises ?
9 vous avez… ?

Qu'est-ce

10 que c'est ?
11 qu'elle fait ?
12 qu'il lit ?
13 que vous préférez ?
14 qu'ils veulent ?
15 qu'ils ont décidé ?
16 que vous avez dit ?
17 que vous avez ?
18 qui se passe ?

Que préférez-vous ?	ЧТО ВЫ ПРЕДПОЧИТАЕТЕ ? [chto vy pritpatchita-iti ?]

Attention : dans что, le ч se prononce [ch]

… / chto… ? … / Что… ?

…	…
1 eta pr**a**vda ?	Это пр**а**вда ?
2 eta tr**ou**dna ?	Это тр**у**дно ?
3 eta d**o**raga ?	Это д**о**рого ?
4 eta vazm**o**jna ?	Это возм**о**жно ?
5 ïa mag**ou** pazvan**i**t' ?	Я мог**у** позвон**и**ть ?
6 vy prada-ï**o**ti dom ?	Вы прода**ё**те дом ?
7 vy pakoup**a**-iti mach**y**nou ?	Вы покуп**а**ете маш**и**ну ?
8 vy prinim**a**-iti vali**ou**tou ?	Вы приним**а**ете вал**ю**ту ?
9 ou vas ïest'… ?	У вас есть… ?

chto Что

chto	Что
10 eta ?	это ?
11 an**a** diela-it ?	он**а** делает ?
12 on tchit**a**-it ?	он чит**а**ет ?
13 vy pritpatchit**a**-iti ?	вы предпочит**а**ете ?
14 an**i** hati**a**t ?	он**и** хот**я**т ?
15 an**i** rich**y**li ?	он**и** реш**и**ли ?
16 vy skaz**a**li ?	вы сказ**а**ли ?
17 s v**a**mi ?	с в**а**ми ?
18 pra-ish**o**dit ?	происх**о**дит ?

Qu'est-ce qui se passe ?	ЧТО ПРОИСХОДИТ ? [chto pra-ish**o**dit' ?]

CONSTRUCTIONS & REMARQUES

■ *Est-ce que c'est vrai ?* se traduit mot à mot par :

« *Ceci [est la] vérité ?* » eta pravda ? Это правда ?

• Rappel : – le verbe *être* n'est pas exprimé au présent sauf pour insister sur l'existence d'un objet ou d'une personne.

– l'interrogation est rendue par l'intonation, sans que l'ordre des mots changent :

dans [eta pravda ?] Это правда ?, la voix va monter fortement sur le [a] accentué de pravda.

Est-ce que... ? sera ainsi rendu en russe par l'intonation interrogative.

■ *Qu'est-ce que ... ?* est rendu par le pronom interrogatif [chto] что, *que/quoi.*

■ *Qu'est-ce que vous voulez ?* est rendu par :

Que voulez-vous ? chto vy hatiti ? Что вы хотите ?

■ *Qu'est-ce que vous avez ? (Qu'avez-vous ?)* se traduit littéralement par :

« *Quoi avec vous ?* » chto s vami ? Что с вами ?

Cette expression se construit avec la préposition [s] с, *avec*, suivi de l'instrumental de [vy] вы, *vous* : [vami] вами.

➨ RETENEZ CES EXPRESSIONS :

Je ne comprends pas ce qu'il dit.
ïa ni panima-ïou, chto on gavarit. Я не понимаю, что он говорит.

Je ne sais pas quoi faire.
ïa ni zna-ïou, chto dielat'. Я не знаю, что делать.

Qu'est-il arrivé ?
chto sloutchilas' ? Что случилось ?

Je ne sais pas ce qu'il est arrivé
ïa ni zna-ïou, chto sloutchilas'. Я не знаю, что случилось.

Qu'est-ce que ça veut dire (signifie) ?
chto eta znatchit ? Что это значит ?

A **Comment dire en russe :**

1. *Est-ce que c'est possible ?*
2. *Est-ce que c'est bien ?*
3. *Est-ce que c'est cher ?*
4. *Est-ce que c'est difficile ?*

B **Que veut dire en français :**

1. ïa mag**ou** pazvan**i**t' ? Я могу позвонить ?
2. on prada-ï**o**t dom ? Он продаёт дом ?
3. ani prinim**a**-ïout vali**ou**tou ? Они принимают валюту ?
4. n**i**na pakoup**a**-it mach**y**nou ? Нина покупает машину ?
5. chto vy tchit**a**-iti ? Что вы читаете ?

SOLUTIONS

A
1. eta vazm**o**jna ? Это возможно ?
2. eta harach**o** ? Это хорошо ?
3. eta d**o**raga ? Это дорого ?
4. eta tr**ou**dna ? Это трудно ?

B
1. *Est-ce que je peux téléphoner ?*
2. *Est-ce qu'il vend sa maison ?*
3. *Est-ce qu'ils acceptent les devises ?*
4. *Est-ce que Nina achète une voiture ?*
5. *Qu'est-ce que vous lisez ?*

Le Théâtre du Bolchoï

Le théâtre du *Bolchoï* (qui signifie « *grand* » en russe [bal'ch**o**ï] Большой) est le théâtre le plus célèbre de Russie. Construit au centre de Moscou en 1825 dans le style classique avec une entrée en temple grec surmonté d'un quadrige, il contient l'une des plus vastes scènes au monde ainsi qu'une salle de 2000 places. Ses spectacles lyriques, ses ballets classiques, sa troupe de chanteurs et de danseurs exceptionnels lui ont attiré une réputation mondiale qui dure jusqu'à nos jours. Au XIXe siècle, on assiste à l'épanouissement de l'opéra russe avec **Glinka** (*Ruslan et Liudmila*), **Moussorgski** (*Boris Godounov*), **Rimski-Korsakov** (*Snégourotchka*), **Borodine** (*Le Prince Igor*), Rachmaninov et bien sûr **Tchaïkovski** qui compose aussi bien des opéras (*Eugène Onéguine*) que des musiques de ballets connus dans le monde entier : *La Belle au bois dormant*, *Casse-Noisette*, *Le Lac des cygnes*… De nos jours, il est toujours très difficile de se procurer des billets car les spectacles affichent complets en permanence. Il vaut mieux les acheter très en avance.

A14 La voiture de Jean

C'est

1 la voiture de Jean.
2 la voiture du docteur.
3 sa voiture (à lui).
4 le chapeau de Nina.
5 son chapeau (à elle).
6 le journal du voisin.
7 la maison de mon ami.
8 la maison de ma sœur.
9 la chambre des garçons.
10 leur chambre.

Je connais

11 la sœur de Katia.
12 sa sœur (à elle).
13 le frère de Boris.
14 son frère (à lui).

Connaissez-vous

15 le prénom de cet homme ?

Avez-vous vu

16 le manteau de Jean ?
17 le sac de Nina ?

eto — Это

1	machyna ivana.	машина Ивана.
2	machyna doktara.	машина доктора.
3	ïivo machyna.	его машина.
4	chliapa niny.	шляпа Нины.
5	ïi-ïo chliapa.	её шляпа.
6	journal sasieda.	журнал соседа.
7	dom ma-ivo drouga.	дом моего друга.
8	dom ma-ïeï sistry.	дом моей сестры.
9	komnata mal'tchikaf.	комната мальчиков.
10	ih komnata.	их комната.

ïa zna-ïou — Я знаю

11	sistrou kati.	сестру Кати.
12	ïi-ïo sistrou.	её сестру.
13	brata barisa.	брата Бориса.
14	ïivo brata.	его брата.

vy zna-iti — Вы знаете

15	imia etava tchilavieka ?	имя этого человека ?

vy vidili — вы видели

16	pal'to ivana ?	пальто Ивана ?
17	soumkou niny ?	сумку Нины ?

A14 La voiture de Jean — CONSTRUCTIONS & REMARQUES

■ *La voiture de Jean (« la voiture d'Ivan »).*
Comme en français, l'objet possédé est suivi du nom du possesseur qui occupe la fonction de complément de nom : le complément de nom (le possesseur) est donc au génitif (voir A 3, p. 18).

C'est la voiture de Jean. eta machyna ivana. Это машина Ивана.

[ivana] Ивана est le génitif de [ivan] Иван.

Rappel : En russe, tous les noms se déclinent, c'est-à-dire que leur terminaison varie selon la fonction qu'ils occupent dans la phrase. En russe, il y a 6 cas :

1) nominatif (sujet)
2) accusatif (complément d'objet direct)
3) génitif (complément de nom)
4) locatif (complément de lieu)
5) datif (complément d'attribution)
6) instrumental (complément de moyen)

■ Tableau des adjectifs (ou pronoms) possessifs au nominatif et au génitif :

	mon		*ma*		*mes*	
nom. :	moï	мой	ma-ïa	моя	ma-i	мои
gén. :	ma-ivo	моего	ma-ïeï	моей	ma-ih	моих
	ton		*ta*		*tes*	
nom. :	tvoï	твой	tva-ïa	твоя	tva-i	твои
gén. :	tva-ivo	твоего	tva-ïeï	твоей	tva-ih	твоих
	notre (m.)		*notre (f.)*		*nos*	
nom. :	nach	наш	nacha	наша	nachy	наши
gén. :	nachyva	нашего	nachyï	нашей	nachyh	наших
	votre (m.)		*votre (f.)*		*vos*	
nom. :	vach	ваш	vacha	ваша	vachy	ваши
gén. :	vachyva	вашего	vachyï	вашей	vachyh	ваших
indéclinables :	*son, sa, ses (à lui)* :	[ïivo]	его	(litt. : de lui)		
	son, sa, ses (à elle) :	[ïi-ïo]	её	(litt. : d'elle)		
	leur, leurs (à eux) :	[ih]	их	(litt. : d'eux)		

A Que veut dire en français :

1. vy vidili brata kati ? — Вы видели брата Кати ?
2. vy vidili dom ma-ïeï sistry ? — Вы видели дом моей сестры ?
3. eta sistra barisa. — Это сестра Бориса.
4. ïa vidil komnatou niny. — Я видел комнату Нины.
5. ïa lioubliou komnatou ma-ivo brata. — Я люблю комнату моего брата.

B Comment dire en russe :

1. *J'ai vu le billet de Nina.*
2. *J'aime son prénom (à elle).*
3. *Je connais son frère (à lui).*
4. *J'ai vu leur maison.*
5. *J'ai vu la sœur de mon ami.*

SOLUTIONS

A

1. *Avez-vous vu le frère de Katia ?*
2. *Avez-vous vu la maison de ma sœur ?*
3. *C'est la sœur de Boris.*
4. *J'ai vu la chambre de Nina.*
5. *J'aime la chambre de mon frère.*

B

1. ïa vidil biliet niny. — Я видел билет Нины.
2. ïa lioubliou ïi-ïo imia. — Я люблю её имя.
3. ïa zna-ïou ïivo brata. — Я знаю его брата.
4. ïa vidil ih dom. — Я видел их дом.
5. ïa vidil sistrou ma-ivo drouga. — Я видел сестру моего друга.

Moscou, capitale de la Russie

Moscou, capitale de la Russie, autrefois surnommée ville aux « quarante fois quarante églises », compte aujourd'hui 9 millions d'habitants. Elle fut mentionnée pour la première fois en 1147. C'est le prince Youri Dolgorouki qui en 1156 y fait édifier le premier « kremlin » (« fortifications ») en bois. L'origine du nom de Moscou [maskva] Москва viendrait d'un vieux mot slavon signifiant « humide », à cause, pense-t-on, des marécages qui s'y trouvaient. A la fin du xve siècle, Ivan III, qui met fin au joug tatar, fait reconstruire le kremlin en briques rouges ainsi que ses somptueuses églises à coupoles. **Ivan le Terrible** qui prend *Kazan* et *Astrakhan* aux *Tatars* fait construire la basilique Basile-le-Bienheureux en l'honneur de sa victoire (1552) sur la place « Rouge » (ou « Belle » place). En 1712, Moscou perd son statut de capitale au profit de Saint-Pétersbourg. Les maisons de bois de Moscou, si souvent incendiées par les Tatars, brûlent encore une fois lorsque Napoléon arrive en 1812. Moscou redevient capitale en 1918 sur ordre de Lénine.

A15 Comment ? / Pourquoi ?

Comment

1 ça va ?
2 allez-vous ?
3 va votre père ?
4 est-ce arrivé ?
5 fonctionne ce téléphone ?

6 t'appelles-tu ?
7 vous appelez-vous ?

Pourquoi

8 ne venez-vous pas avec nous ?
9 ne voulez-vous pas rester ?
10 n'a-t-il pas appelé ?
11 est-elle fâchée ?
12 ne voulez-vous pas faire ça ?
13 n'est-il pas content ?
14 pas ?

15 Je ne sais pas pourquoi.
16 A-t-il dit pourquoi ?
17 Il n'a pas dit pourquoi.

Comment ça va ? КАК ДЕЛА [kak dila ?]

A15 kak ? / patchimou ? Как ? / Почему ?

kak — Как

1	dila ?	дела ?
2	pajyva-iti ?	поживаете ?
3	pajyva-it vach atiets ?	поживает ваш отец ?
4	eta sloutchilas' ?	это случилось ?
5	rabota-it etat tilifon ?	работает этот телефон ?
6	tibia zavout ?	тебя зовут ?
7	vas zavout ?	вас зовут ?

patchimou — Почему

8	vy ni idioti s nami ?	вы не идёте с нами ?
9	vy ni hatiti astatsa ?	вы не хотите остаться ?
10	on ni pazvanil ?	он не позвонил ?
11	ana sierditsa ?	она сердится ?
12	vy ni hatiti eta zdielat' ?	вы не хотите это сделать ?
13	on ni davolin ?	он не доволен ?
14	(jy) niet ?	(же) нет ?
15	ïa ni zna-ïou patchimou.	Я не знаю почему.
16	on skazal patchimou ?	Он сказал почему ?
17	on ni skazal patchimou.	Он не сказал почему.

CONSTRUCTIONS & REMARQUES

■ *Comment ça va ?* kak di**la** ? Как дела ?
se traduit littéralement par : « *Comment [sont vos] affaires ?* »

■ *Comment t'appelles-tu ?* kak tibi**a** zav**out** ? Как тебя зовут ?
se traduit en russe par : « *Comment on t'appelle ?* ». Il s'agit d'une tournure impersonnelle où le pronom (ou le nom) est à l'accusatif (complément d'objet direct).

• En russe, le *on* est exprimé à l'aide de la troisième personne du pluriel sans sujet. Ainsi, la forme [zav**out**] зовут est la troisième personne du pluriel du verbe [zvat'] звать *appeler*. De même, on a :
Comment vous appelez-vous ? kak vas zav**out** ? Как вас зовут ?

■ Nominatif et accusatif des pronoms personnels :

Nom.			Acc.		Nom.			Acc.	
je	ïa	я	mini**a**	меня	*nous*	my	мы	nas	нас
tu	ty	ты	tibi**a**	тебя	*vous*	vy	вы	vas	вас
il	on	он	ïiv**o**	его	*ils/elles*	an**i**	они	ih	их
elle	an**a**	она	ïi-ï**o**	её					

• *Comment t'appelles-tu ?* kak tibi**a** zav**out** ? Как тебя зовут ?
Comment s'appelle-t-il ? kak ïiv**o** zav**out** ? Как его зовут ?
Comment s'appelle-t-elle ? kak ïi-ï**o** zav**out** ? Как её зовут ?
Comment vous appelez-vous ? kak vas zav**out** ? Как вас зовут ?
Comment s'appellent-ils/elles ? kak ih zav**out** ? Как их зовут ?

■ *Comment fonctionne ce téléphone ?*

kak rab**o**ta-it **e**tat tilif**o**n ?
Как работает этот телефон ?

• En russe, le verbe [rab**o**tat'] работать signifie *travailler* et *fonctionner*.

• [**e**tat] этот est l'adjectif démonstratif masculin *ce, cet* ; au féminin : [**e**ta] эта, *cette* ; au pluriel : [**e**ti] эти, *ces*.

■ *Pourquoi ne venez-vous pas avec nous ?*

patchim**ou** vy ni idi**o**ti s n**a**mi ?
Почему вы не идёте с нами ?

La forme [n**a**mi] нами est l'instrumental de [my] мы, *nous* (voir A 13, p. 58).

➡ **REMARQUES** : *pourquoi* se traduit en russe de deux façons :
1) [patchim**ou**] почему (cause)
2) [z**a**tchem] зачем (but, intention)

A **Mettez au présent :**

1. ïa ni znal patchim**ou**. — Я не знал почем**у**.
2. my ni zn**a**li, patchim**ou** on ni dav**o**lin. — Мы не зн**а**ли, почем**у** он не дов**о**лен.

B **Complétez avec le mot qui convient :**

kak как, patchim**ou** почему, sk**o**l'ka ск**о**лько, chto что

1. … vy ni zvan**i**li ? — … вы не звон**и**ли ?
2. … ty pajyv**a**-ich ? — … ты пожив**а**ешь ?
3. … on di**e**la-it ? — … он д**е**лает ?
4. … vam liet ? — … вам лет ?

SOLUTIONS

A 1. ïa ni zn**a**-ïou patchim**ou**. — Я не зн**а**ю почем**у**.
2. my ni zn**a**-im, patchim**ou** on ni dav**o**lin. — Мы не зн**а**ем, почем**у** он не дов**о**лен.

B 1. patchim**ou** vy ni zvan**i**li ? — Почем**у** вы не звон**и**ли ?
2. kak ty pajyv**a**-ich ? — Как ты пожив**а**ешь ?
3. chto on di**e**la-it ? — Что он д**е**лает ?
4. sk**o**l'ka vam liet ? — Ск**о**лько вам лет ?

Saint-Pétersbourg, deuxième ville de la Russie

• Désirant à la fois ouvrir une « fenêtre sur l'Europe » et créer un port sur la Baltique, **Pierre le Grand** fonde en 1703 une ville à l'embouchure de la Néva. Des architectes italiens et français sont invités à construire palais et églises qui font de la « ville de Pierre » la plus belle ville de Russie, capable de rivaliser avec les grandes cités européennes. *Saint-Pétersbourg* fut capitale de 1712 à 1918. En 1914, la ville est rebaptisée « Petrograd » et en 1924 « Léningrad » en hommage à Lénine, puis, le 6 septembre 1991, elle retrouve son nom d'origine : « Saint-Pétersbourg ». Pendant la Seconde Guerre mondiale, la ville, assiégée par les Allemands, subit un effroyable blocus de 900 jours auquel elle résista avec un courage héroïque.

• La ville, construite sur 100 îles reliées par 500 ponts, est traversée par d'innombrables canaux bordés de magnifiques palais. Au bord de la *Néva* se trouve l'un des plus beaux musées au monde : l'incomparable Ermitage, palais d'une splendeur inouïe, recelant 2,5 millions d'œuvres d'art.

• Aujourd'hui, *Saint-Pétersbourg* compte 5 millions d'habitants et est familièrement appelée par ses habitants « Piter ». Le moment le plus magique pour la visiter est la période des « nuits blanches », aux alentours du 21 juin, lorsque les nuits restent claires et que le soleil disparaît à peine sous la ligne d'horizon.

A16 Je dois (Il faut que je...)

Il faut que

1 je fume moins.
2 je boive moins.
3 je revienne à trois heures.
4 je dorme plus.
5 je prenne un taxi.
6 j'achète un ordinateur.
7 je vende ma voiture.
8 je gagne plus d'argent.
9 je parle russe.

Vous ne devez pas

10 être en retard.
11 fumer.
12 travailler beaucoup.
13 rester ici.
14 faire ça.
15 attendre
16 jouer aux cartes.

moins	МЕНЬШЕ	[mienchy]

ïa doljyn / ïa doljna (mnie noujna) — Я должен / я должна (мне нужно)

1	mienchy kourit'.	меньше курить.
2	mienchy pit'.	меньше пить.
3	vernout'sa f tri tchisa.	вернуться в три часа.
4	bol'chy spat'.	больше спать.
5	vziat' taksi.	взять такси.
6	koupit' kamp'ïoutyr.	купить компьютер.
7	pradat' machynou.	продать машину.
8	zarabatyvat' bol'chy.	зарабатывать больше.
9	gavarit' pa-rouski.	говорить по-русски.

vy ni daljny — Вы не должны

10	apazdyvat'.	опаздывать.
11	kourit'.	курить.
12	mnoga rabotat'.	много работать.
13	tout astavatsa.	тут оставаться.
14	eta dielat'.	это делать.
15	jdat'.	ждать.
16	igrat' f karty.	играть в карты.

plus БОЛЬШЕ [bol'chy]

A16 Je dois — CONSTRUCTIONS & REMARQUES

■ [ïa doljyn] я должен *je dois* est suivi, comme en français, d'un verbe à l'infinitif.

> *Je dois travailler.*
> ïa doljyn rabotat'.
> Я должен работать

• Cette forme verbale s'accorde en genre ou en nombre avec le sujet. Au féminin : [ïa daljna] я должна

• **RAPPEL** : le pluriel de [doljyn] должен / [daljna] должна } est [daljny] должны

■ [ïa doljyn] я должен possède un équivalent : [mnie noujna] мне нужно (m. à m. « *il me faut* »). C'est une tournure impersonnelle où le pronom (ou le nom) est au datif :

> mnie noujna rabotat'.
> Мне нужно работать.
> *Je dois travailler.*

(La déclinaison des pronoms au datif est donnée dans A 1, p. 10.)

• Le comparatif de [mnoga] много, *beaucoup*, est [bol'chy], *plus*. Le comparatif de [mala] мало, *peu*, est [mien'chy] меньше, *moins*.

■ *Vous ne devez pas jouer aux cartes.*

> vy ni doljny igrat' f karty.
> Вы не должны играть в карты.

Lorsqu'il s'agit de jeux, le verbe [igrat'] играть s'utilise avec la préposition [v] в suivie de l'accusatif (voir A 8, p. 38).

> vy igra-iti f chahmaty ?
> Вы играете в шахматы ?
> *Jouez-vous aux échecs ?*

➡ **RETENEZ L'EXPRESSION :**

> *Je ne vous dois rien.*
> [ïa vam nitchivo ni doljyn]
> Я вам ничего не должен.

A Que veut dire en français :

1. vy ni doljny mnoga kourit'. — Вы не должны много курить.
2. vy ni doljny pradavat' kamp'ïoutyr. — Вы не должны продавать компьютер.
3. ïa doljyn virnoutsa v dva tchisa. — Я должен вернуться в два часа.
4. my daljny koupit' faks. — Мы должны купить факс.

B Comment dire en russe :

1. *Il faut qu'il dorme moins.*
2. *Il faut qu'il joue bien aux échecs.*
3. *Vous ne devez pas être en retard.*

SOLUTIONS

A
1. *Il ne faut pas que vous fumiez beaucoup.*
2. *Vous ne devez pas vendre votre ordinateur.*
3. *Je dois rentrer à deux heures.*
4. *Nous devons acheter un télécopieur (fax).*

B
1. ïemou noujna mien'chy spat'. — Ему нужно меньше спать.
2. on doljyn haracho igrat' f chahmaty. — Он должен хорошо играть в шахматы.
3. vy ni daljny apazdyvat'. — Вы не должны опаздывать.

La Sibérie et le transsibérien

• La *Sibérie* est un immense territoire qui s'étend de l'*Oural* à l'océan Pacifique sur 12 765 900 km² (environ 23 fois la France et plus d'une fois les Etats-Unis). C'est une grande plaine qui se caractérise par des zones de toundra au Nord et au sud (pauvre en végétaux et parfois au sol gelé en permanence : le *merzlota*) et de *taïga* (forêts froides de résineux). C'est la région des records. C'est à *Verkhoïansk que* sont atteintes les températures les plus basses du monde : 80 °C en dessous de zéro. C'est aussi une région extrêmement riche en minerais (houille, pétrole, gaz naturel et aussi or, platine, diamant, nickel...) pour lesquels les techniques d'exploitation les plus récentes viennent pallier les difficultés climatiques (l'hiver peut durer jusqu'à 9 mois).

• En Sibérie, on trouve aussi la ligne de chemin de fer la plus longue du monde (9 299 km) : le transsibérien, qui relie actuellement en 9 jours *Moscou* à *Vladivostok*. Il fut commencé en 1891 et achevé en 1902. De grandes villes se sont développées le long de cette voie : *Tchéliabinsk*, *Omsk*, *Novossibirsk*, *Krasnoïarsk*, *Irkoutsk* (avec le lac Baïkal – deuxième réserve d'eau douce mondiale), *Khabarovsk*... Une autre ligne de chemin de fer a été construite de 1973 à 1984 en Sibérie Orientale plus au Nord : le BAM (Baïkalo-Amourskaïa Maguistral) sur environ 4 400 km.

A17 A / Après / Pendant

A

1 Réveillez-moi à 7 heures (du matin), s'il vous plaît.

2 Sois prêt à 3 heures (de l'après-midi).

3 Nous arrivons à 22 heures.

4 A quelle heure partez-vous ?

5 Je pars à 7 heures (du soir).

Après

6 Il part cet après-midi.

7 Nous allons dans un café après le spectacle.

8 Appelez-moi après les vacances.

9 J'aime me promener après le dîner.

10 Nous allons au restaurant après le travail.

Pendant

11 Je l'ai rencontré pendant les vacances.

12 Pouvez-vous appeler pendant le (à l'heure du) déjeuner ?

v В

1 razbouditi minia f siem tchisof (outra), pajalousta.
Разбудите меня в семь часов (утра), пожалуйста.

2 bout' gatof f tri tchisa (dnia).
Будь готов в три часа (дня).

3 my pri-ïijja-im v dvatsat' dva tchisa.
Мы приезжаем в двадцать два часа.

4 f katoram tchisou vy ou-ïijja-iti ?
В котором часу вы уезжаете ?

5 ïa ou-ïijja-ïou f siem tchisof (vietchira).
Я уезжаю в семь часов (вечера).

posli После

6 on ou-ïijja-it posli abieda.
Он уезжает после обеда.

7 posli spiktaklia my idiom f kafe.
После спектакля мы идём в кафе.

8 pazvaniti mnie posli otpouska.
Позвоните мне после отпуска.

9 ïa lioubliou gouliat' posli oujyna.
Я люблю гулять после ужина.

10 posli raboty my idiom v ristaran.
После работы мы идём в ресторан.

va vriemia Во время

11 ïa fstrietil ïivo va vriemia otpouska.
Я встретил его во время отпуска.

12 vy mojyti pazvanit' va vriemia abieda ?
Вы можете позвонить во время обеда ?

■ L'impératif de la 2e personne du singulier se forme sur la 2e personne du singulier de l'indicatif : on enlève la terminaison [–ïech] –ешь ou [–ich] –ишь et on la remplace par [–ï] –й après une voyelle, [–i] –и après une consonne :

lire	tchitat'	читать	*parler*	gavarit'	говорить
tu lis	ty tchita-ich	ты читаешь	*tu parles*	ty gavarich	ты говоришь
lis !	tchitaï !	читай !	*parle !*	gavari !	говори !

• Pour former l'impératif de la 2e personne du pluriel, il suffit d'ajouter la terminaison [-ti] те

lisez ! [tchitaïti !] читайте ! *parlez !* [gavariti !] говорите !

• L'impératif du verbe [byt'] быть *être* est irrégulier :

sois ! [bout' !] будь ! *soyez !* [bout'ti !] будьте !

■ [posli] после *après* et [va vriemia] во время *pendant* sont suivis du génitif :

après le travail [posli raboty] после работы

■ Présent du verbe [pri-ïijjat']приезжать *arriver (autrement qu'à pied)* :

ïa pri-ïijja-ïou	я приезжаю	my pri-ïijja-im	мы приезжаем
ty pri-ïijja-ich	ты приезжаешь	vy pri-ïijja-iti	вы приезжаете
on pri-ïijja-it	он приезжает	ani pri-ïijja-ïout	они приезжают

• Le verbe [ou-ïijjat'] уезжать *partir (autrement qu'à pied)* se conjugue sur le même modèle.

■ [posli abieda] после обеда, m. à m. *après le déjeuner* veut dire le plus souvent : *cet (dans l') après-midi.*

■ En Russie, la journée se découpe ainsi :

le matin :	de 4 h à 11 h	la soirée :	de 17 h à 23 h
l'après-midi :	de 12 h à 16 h	la nuit :	de 0 h à 3 h

Ainsi, on peut dire l'heure en utilisant les nombres de 1 à 12 mais en précisant le moment de la journée si nécessaire :

à une heure (de l'après-midi) f tchas (dnia) в час (дня)

➡ **RETENEZ BIEN :**

matin :	outra	утро	au génitif :	outra	утра
jour/après-midi :	dien'	день		dnia	дня
soir :	vietchir	вечер		vietchira	вечера
nuit :	notch	ночь		notchi	ночи

• Apprenez l'expression :

Soyez gentil... bout'ti dabry... будьте добры...

A17 | v / posli va vriemia | ENTRAÎNEZ-VOUS | В / после Во время

A Comment dire en russe :

1. *Réveillez-moi à cinq heures (du matin), s'il vous plaît.*
2. *Soyez prêt cet après-midi.*
3. *Quand partez-vous ?*
4. *Nous arrivons à une heure de l'après-midi.*

B Que veut dire en français :

1. posli abieda.	после обеда
2. va vriemia zaftraka.	во время завтрака
3. posli raboty.	после работы
4. va vriemia spiktaklia.	во время спектакля
5. posli oujyna.	после ужина

SOLUTIONS

A

1. razbouditi minia f piat' tchisof (outra), pajalousta.	Разбудите меня в пять часов (утра), пожалуйста.
2. bout'ti gatovy posli abieda.	Будьте готовы после обеда.
3. kagda vy ou-ïijja-iti ?	Когда вы уезжаете ?
4. my pri-ïijja-im f tchas (dnia).	Мы приезжаем в час (дня).

B

1. *l'après-midi*
2. *pendant le petit déjeuner*
3. *après le travail*
4. *pendant le spectacle*
5. *après le dîner*

Les diminutifs des prénoms russes.

• En russe, l'usage des suffixes permettant de former des diminutifs à partir des prénoms est extrêmement répandu.
Par exemple, à partir du prénom Иван [ivan], on peut former les diminitufs suivants :
Ваня [vania], Ванечка [vanitchka], Ванюша [vanioucha], Иванушка [ivanouchka] et ainsi de suite.
• A partir du prénom féminin Екатерина [ïikatirina], on peut aussi former de nombreux diminutifs : Катя [katia], Катерина [katirina], Катюша [katioucha], Катюшка [katiouchka], Катенька [katin'ka]...

A18 Suggestions

1 Vous ne voulez pas aller au cinéma ?

2 Vous ne voulez pas rester avec moi ?

3 Vous ne voulez pas dîner avec nous ?

4 Nous pourrions aller au restaurant.

5 Nous pourrions aller voir un film.

6 Nous pourrions aller au café.

7 Allons au cinéma !

8 Allons au restaurant !

9 Parlons russe !

10 Allons jouer au football !

11 Et si nous buvions du thé ?

12 Et si nous disions la vérité ?

Vous ne voulez pas ... ?	ВЫ НЕ ХОТИТЕ ... ? [vy ni hatiti… ?]

1 vy ni hatiti païti f kino ?
Вы не хотите пойти в кино ?

2 vy ni hatiti astatsa sa mnoï ?
Вы не хотите остаться со мной ?

3 vy ni hatiti paoujynat' s nami ?
Вы не хотите поужинать с нами ?

4 my magli by païti v ristaran.
Мы могли бы пойти в ресторан.

5 my magli by pasmatriet' fil'm.
Мы могли бы посмотреть фильм.

6 my magli by païti f kafe.
Мы могли бы пойти в кафе.

7 païdiom f kino !
Пойдём в кино !

8 païdiomti v ristaran !
Пойдёмте в ресторан !

9 davaïti gavarit' pa-rouski !
Давайте говорить по-русски !

10 davaïti igrat' v foutbol !
Давайте играть в футбол !

11 davaïti pit' tchaï !
Давайте пить чай !

12 davaïti gavarit' pravdou !
Давайте говорить правду !

Nous pourrions... МЫ МОГЛИ БЫ...
[my magli by...]

■ En russe, la forme négative est très utilisée lorsque l'on s'adresse à une personne :

Vous ne voulez pas aller au cinéma ?
vy ni ha**ti**ti paï**ti** v ki**no** ?
Вы не **хо**тите пой**ти** в ки**но** ?

• **Rappel :** la préposition [s] с exige l'instrumental :

avec nous	s **na**mi	с **на**ми
avec vous	s **va**mi	с **ва**ми
avec moi	sa **mnoï**	со **мной**

Ici, la préposition [s] с est remplacée par [sa] со pour faciliter la prononciation.

■ Comme en français, le conditionnel est utilisé en russe comme formule de politesse pour faire une suggestion ou une proposition :

Nous pourrions aller au cinéma cet après-midi.
my mag**li** by paï**ti** f ki**no** **po**sli a**bie**da.
Мы мог**ли** бы пой**ти** в ки**но** **по**сле о**бе**да.

ou bien

Ne pourrions-nous pas aller au cinéma cet après-midi ?
my ni mag**li** by paï**ti** f ki**no** **po**sli a**bie**da ?
Мы не мог**ли** бы пой**ти** в ки**но** **по**сле о**бе**да ?

■ Le verbe [paï**ti**] пой**ти** *aller (à pied)* se conjugue comme [prii**ti**] прий**ти** *arriver (à pied)* (voir A 9, p. 42).

Futur : *j'irai* [ïa paï**dou**] я пой**ду** *tu iras* [ty paï**dioch**] ты пой**дёшь**
ils iront [a**ni** paï**dout**] о**ни** пой**дут**

■ Comme en français, la 1re personne du pluriel sans sujet sert d'impératif :

Allons au cinéma ! (tutoiement)	paï**diom** v ki**no**	пой**дём** в ки**но**
Allons au cinéma ! (vouvoiement)	paï**diom**ti v ki**no**	пой**дём**те в ки**но**

■ L'impératif du verbe [da**vat'**] да**вать** *donner* suivi d'un verbe à l'infinitif imperfectif (voir A 19, p. 82) exprime une invitation à faire quelque chose :

parlons russe !
da**vaï** gava**rit'** pa-**rous**ki !
да**вай** гово**рить** по-**рус**ски !

➡ **RETENEZ EGALEMENT :**

Vas-y !	da**vaï**	да**вай**
Allez-y ! ou Allons-y	da**vaï**ti	да**вай**те

[A] Comment dire en russe :

1. *Nous pourrions aller au théâtre.*
2. *Ne voulez-vous pas aller au cinéma avec moi ?*
3. *Ne voulez-vous pas aller voir le nouveau film français ?*
4. *Allez-y !*

[B] Mettez le verbe entre parenthèses à la forme qui convient :

1. vy ni (hatiet') païti s nami f kino.	Вы не (хотеть) пойти с нами в кино.
2. vy ni (hatiet') astatsa ?	Вы не (хотеть) остаться.
3. (davat') pit' kofi.	(Давать) пить кофе.
4. (davat') gavarit' pa-rouski.	(Давать) говорить по-русски.

SOLUTIONS

[A]
1. my magli by païti f ti-atr.
   Мы могли бы пойти в театр.
2. vy ni hatiti païti sa mnoï f kino ?
   Вы не хотите пойти со мной в кино ?
3. vy ni hatiti pasmatriet' novyï frantsouskiï fil'm ?
   Вы не хотите посмотреть новый французский фильм ?
4. davaïti !
   Давайте !

[B]

1. vy ni hatiti païti s nami f kino ?	Вы не хотите пойти с нами в кино ?
2. vy ni hatiti astatsa ?	Вы не хотите остаться ?
3. davaï(ti) pit' kofi.	Давай(те) пить кофе.
4. davaï(ti) gavarit' pa-rouski.	Давай(те) говорить по-русски.

Quelques prénoms russes masculins très usités et leurs diminutifs.

Prénom français	prénom russe		diminutif	
Ivan ou *Jean*	[ivan]	Иван	[vania]	Ваня
Victor	[viktar]	Виктор	[vitia]	Витя
Nicolas	[nikalaï]	Николай	[kolia]	Коля
Boris	[baris]	Борис	[boria]	Боря
Serge	[sergeï]	Сергей	[sirioja]	Серёжа
Alexandre	[aliksandr]	Александр	[sacha]	Саша
Grégori	[grigoriï]	Григорий	[gricha]	Гриша
Vladimir	[vladimir]	Владимир	[valodia]	Володя
Anatole	[anatoliï]	Анатолий	[tolia]	Толя
Eugène	[ïivgeniï]	Евгений	[jenia]	Женя
Dimitri	[dmitriï]	Дмитрий	[dima]	Дима

A19 Hier / Il y a deux jours / Depuis...

1 Nous sommes arrivés hier.

2 Il est arrivé la semaine dernière.

3 Je suis allé à Moscou l'année dernière.

4 Nous sommes arrivés il y a une semaine.

5 Nous l'avons vue il y a deux ans.

6 Je suis allée à Paris il y a deux jours.

7 Je l'ai vu il y a cinq jours.

8 Je suis arrivé à Saint-Pétersbourg il y a un an.

9 Je l'ai vue il y a cinq ans.

10 Je travaille à Moscou depuis un an.

11 Je suis là depuis deux ans.

12 Il travaille avec moi depuis cinq ans.

13 Cela fait trois jours que je suis là.

14 Cela fait une semaine que nous sommes à Moscou.

A19 ftchira / dva dnia nazat / … — Вчера / Два дня назад / …

1 my pri-ïehali ftchira.
Мы приехали вчера.

2 on pri-ïehal na prochlaï nidieli.
Он приехал на прошлой неделе.

3 ïa byl v maskvie f prochlam gadou.
Я был в Москве в прошлом году.

4 my pri-ïehali nidieliou (tamou) nazat.
Мы приехали неделю (тому) назад.

5 my ïi-ïo vidili dva goda (tamou) nazat.
Мы её видели два года (тому) назад.

6 ïa byla v parijy dva dnia (tamou) nazat.
Я была в Париже два дня (тому) назад.

7 ïa vidil ïivo piat' dnieï (tamou) nazat.
Я видел его пять дней (тому) назад.

8 ïa pri-ïehal f sankt-Pitirbourk got (tamou) nazat
Я приехал в Санкт-Петербург год (тому) назад.

9 ïa ïi-ïo vidil piat' liet (tamou) nazat.
Я её видел пять лет (тому) назад.

10 ïa rabota-ïou v maskvie got.
Я работаю в Москве год.

11 ïa zdies' dva goda.
Я здесь два года

12 on rabota-it sa mnoï piat' liet.
Он работает со мной пять лет.

13 ïa zdies' ouje tri dnia.
Я здесь уже три дня.

14 my v maskvie ouje nidieliou.
Мы в Москве уже неделю.

A19 | Hier / Il y a deux jours / Depuis... | CONSTRUCTIONS & REMARQUES

■ A chaque verbe français correspondent deux verbes russes qui ont deux formes différentes appelées « aspects » : l'imperfectif, qui correspond à une action inachevée (voir phrases 10 et 12), et le perfectif, qui correspond à une action achevée (voir phrase 1, 2, 4 et 8). (Pour leur emploi, voir annexe, p. 134-135). Ainsi, au verbe *arriver (autrement qu'à pied)* [pri-ïijjat'] приезжать (voir A 17, p. 74), qui est imperfectif, correspond le verbe [pri-ïehat'] приехать *arriver (autrement qu'à pied)* qui est perfectif.

- Les formes du passé de [pri-ïehat'] приехать :

masc. :	pri-ïehal	приехал
fém. :	pri-ïehala	приехала
plur. :	pri-ïehali	приехали

■ ïa byl f Parijy na prochlaï nidieli.
Я был в Париже на прошлой неделе.
correspond à : *Je suis allée à Paris la semaine dernière.*
m. à m. : « *J'étais à Paris la semaine dernière.* »

- Notez bien ces expressions :

na prochlaï nidieli	f prochlam gadou
на прошлой неделе	в прошлом году
la semaine dernière	*l'année dernière*

■ *Il y a deux jours* : dva dnia (tamou) nazat
- [tamou] est souvent omis dans la langue parlée.

Les noms de nombre sont suivis :

1	adin	один	+ nom. sing.	([tchas] час, [dien'] день, [nidielia] неделя, [got] год, ...)
1	adna	одна		
1	adno	одно		
2	dva/dvie	два/две	+ gén. sing.	([tchisa] часа, [dnia] дня, [nedieli] недели, [goda] года, ...)
3	tri	три		
4	tchityri	четыре		
5	piat'	пять...	+ gén. plur.	([tchisof] часов, [dnieï] дней, [nidel'] недель, [liet] лет*, ...)

* [liet] лет est, à l'origine, le génitif pluriel du mot *été* [lieta] лето.

■ ïa rabota-ïou zdies' nidieliou.
Я работаю здесь неделю.
Je travaille ici depuis une semaine.

Les Russes disent littéralement : « *Je travaille ici une semaine* », sans préposition. Souvent, ils ajoutent le mot [ouje] уже *déjà* pour renforcer :

ïa rabota-ïou zdies' ouje nidieliou
Я работаю здесь уже неделю
Cela fait une semaine que je travaille ici.

- [Zdies'] здесь *ici* est synonyme de [tout] тут.

A Complétez les phrases en utilisant le mot qui convient :

[dien'] день, [goda] года, [liet] лет

1. on zdies' ouje adin … — Он здесь уже один …
2. my pri-ïehali piat' … nazat. — Мы приехали пять … назад.
3. ïa rabota-ïou v etam goradi tri… — Я работаю в этом городе три…

B Comment dire en russe :

1. *Je suis arrivé à Saint-Pétersbourg il y a une semaine.*
2. *Cela fait une semaine que je suis là.*
3. *Nous travaillons à Moscou depuis deux ans.*
4. *Cela fait cinq ans qu'il travaille ici.*

SOLUTIONS

A

1. on zdies' ouje adin dien'. — Он здесь уже один день.
2. my pri-ïehali piat' liet nazat. — Мы приехали пять лет назад.
3. ïa rabota-ïou v etam goradi tri goda. — Я работаю в этом городе три года.

B

1. ïa pri-ïehal f sankt-pitirbourk nedieliou nazat.
   Я приехал в Санкт-Петербург неделю назад.
2. ïa zdies' ouje nidieliou.
   Я здесь уже неделю.
3. my rabota-im v maskvie dva goda.
   Мы работаем в Москве два года.
4. on zdies' rabota-it ouje piat' liet.
   Он здесь работает уже пять лет.

Quelques prénoms féminins très usités avec leur diminutif

Prénom français	prénom russe		diminutif	
Marie	[mari-ïa]	Мария	[macha]	Маша
Nathalie	[natal'ïa]	Наталья	[natacha]	Наташа
Irina	[irina]	Ирина	[ira]	Ира
Galina	[galina]	Галина	[galia]	Галя
Lioudmila	[lioudmila]	Людмила	[liouda]	Люда
Claire	[svitlana]	Светлана	[svieta]	Света
Lydie	[lidi-ïa]	Лидия	[lida]	Лида
Julie	[ïouli-ïa]	Юлия	[ïoulia]	Юля
Tatiana	[tat'ïana]	Татьяна	[tania]	Таня
Nadège	[nadiejda]	Надежда	[nadia]	Надя
Lioubov	[lioubof']	Любовь	[liouba]	Люба

A 20 On m'a offert...

1 On m'a offert un billet de théâtre.

2 On m'a dit de venir à dix heures du matin.

3 On m'a promis une réponse rapide.

4 On lui a proposé un nouveau travail.

5 On lui a prêté une somme d'argent importante.

6 On lui a envoyé une télécopie.

7 Ici, on parle anglais.

8 On ne fume pas ici.

9 On ne peut pas réparer ce magnétophone.

10 Peut-on poser une question ?

11 Peut-on fumer ?

12 Peut-on entrer ?

On m'a promis...	МНЕ ОБЕЩАЛИ [mnie abichtchali]

A 20 mnie padarili… Мне подарили…

1 mnie padarili biliet f ti-atr.
Мне подарили билет в театр.

2 mnie skazali priïti v diesit' tchisof outra.
Мне сказали прийти в десять часов утра.

3 mnie abichtchali bystryï atviet.
Мне обещали быстрый ответ.

4 ïimou pridlajyli novou-ïou rabotou.
Ему предложили новую работу.

5 ïimou adaljyli bal'chou-ïou soummou dienik.
Ему одолжили большую сумму денег.

6 ïimou paslali faks.
Ему послали факс.

7 zdies' gavariat pa-angliïski.
Здесь говорят по-английски.

8 zdies' ni kouriat.
Здесь не курят.

9 nil'zia patchinit' etat mag-nitafon.
Нельзя починить этот магнитофон.

10 mojna sprasit' ?
Можно спросить ?

11 mojna kourit' ?
Можно курить ?

12 mojna vaïti ?
Можно войти ?

A 20	On m'a offert...	CONSTRUCTIONS & REMARQUES

■ *On* est rendu à l'aide de la 3e personne du pluriel (voir A 15, p. 66) mais dans l'expression : *on m'a offert...* mnie padarili... мне подарили, le pronom est au datif, car [padarit'] подарить *offrir* se constuit avec le datif (voir déclinaison des pronoms au datif dans A 1, p. 10).

• Avec tous les verbes suivants, le pronom (ou le nom de la personne) se met au datif, l'objet étant à l'accusatif :

me dire la vérité	skazat' mnie pravdou	сказать мне правду
te montrer le chemin	pakazat' tibie darogou	показать тебе дорогу
lui proposer un billet (à lui)	pridlajyt' ïimou biliet	предложить ему билет
lui prêter un livre (à elle)	adaljyt' ïei knigou	одолжить ей книгу
nous promettre une réponse	abichtchat' nam atviet	обещать нам ответ
vous parler	vam gavarit'	вам говорить
leur envoyer une télécopie	paslat' im faks	послать им факс

■ [mojna] можно *on peut* est très utilisé en russe. Surtout pour demander l'autorisation de faire quelque chose :

Vous permettez... ?	mojna (mnie)... ?	можно (мне)... ?
Peut-on fumer ici ?	zdies' mojna kourit' ?	Здесь можно курить ?

■ Le contraire de [mojna] можно est [nil'zia] нельзя et peut signifier *on ne peut pas, il ne faut pas, il est impossible de, il est interdit de* :

On ne peut pas réparer votre télécopieur.
nil'zia patchinit' vach faks.
Нельзя починить ваш факс.

Il lui est interdit de fumer.
ïimou nil'zia kourit'.
Ему нельзя курить.

■ Dans les lieux publics, on peut lire :

Il est interdit de fumer ici. On ne fume pas ici.
zdies' ni kouriat'.
Здесь не курят.

➡ **RETENEZ AUSSI :**

si c'est possible	ïesli mojna	если можно
le plus possible	kak mojna bol'chy	как можно больше

A **Comment demander en russe :**

1. *Peut-on réparer ce magnétophone ?*
2. *Peut-on entrer ?*
3. *Peut-on fumer ici ?*
4. *On m'a dit la vérité.*
5. *On m'a promis un billet.*

B **Dites le contraire :**

1. nil'zia patchinit' vach faks. — Нельзя починить ваш факс.
2. mojna kourit'. — Можно курить.

SOLUTIONS

A
1. mojna patchinit' etat mag-nitafon ? — Можно починить этот магнитофон ?
2. mojna vaïti ? — Можно войти ?
3. zdies' mojna kourit' ? — Здесь можно курить ?
4. mnie skazali pravdou. — Мне сказали правду.
5. mnie abichtchali biliet. — Мне обещали билет.

B
1. mojna patchinit' vach faks. — Можно починить ваш факс.
2. nil'zia kourit'. — Нельзя курить.

Les souvenirs russes

• Lorsque vient le moment d'acheter des souvenirs, les touristes sont souvent attirés par les miniatures de *Palekh* ([palih] Палех), ou bien par des objets en bois peint de *Khokhloma* ([hahlama] Хохлома).

• PALEKH : ce sont des peintures miniatures réalisées avec des couleurs à tempera (eau et oeuf) sur des objets en papier mâché laqués (petites boîtes, coffrets, boîtes à cigares, poudriers, etc.). Cet artisanat est apparu en 1923 dans le village de Palekh, région d'Ivanovo (au nord-est de Moscou) en droite ligne des traditions artisanales de cette région.

• KHOKHLOMA : Cette peinture sur bois est apparue dans la deuxième moitié du XVIIe siècle sur le territoire de l'actuel canton de *Kovernine*, dans le région de *Nijni-Novgorod* (à l'est de Moscou). L'appellation provient du nom du village de Khokhloma dans la même région où la production est vendue.

On reconnaît le « Khokhloma » aux couleurs typiques employées en association : rouge, noir et doré. Les objets, principalement de la vaisselle, sont taillés dans le bois et sont dorés à l'aide d'une technique originale qui évite l'emploi de l'or grâce à un procédé dont le secret est jalousement gardé.

Bo	Salutations
	privietstvi-ïa Приветствия

Bonjour	zdrastvouï ! (tutoiement)	здравствуй !
	zdrastvouïti ! (vouvoiement)	здравствуйте !
	dobra-ïe outra ! (matin)	доброе утро !
	dobryï dien' ! (journée)	добрый день !
salut (bonjour)	priviet !	привет !
bonsoir	dobryï vietchir !	добрый вечер !
comment vas-tu ?	kak pajyva-ich ?	как поживаешь ?
comment allez-vous ?	kak pajyva-iti ?	как поживаете ?
très bien	otchin' haracho	очень хорошо
merci, tout va bien	spasiba, fsio haracho	спасибо, всё хорошо
comme ci, comme ça	tak sibie	так себе
ça ne va pas	ploha	плохо
au revoir	da svidani-ïa !	да свидания !
bonne nuit	spakoïnaï notchi !	спокойной ночи !
salut (au revoir)	paka !	пока !
à bientôt	da skorava (svidani-ïa) !	до скорого (свидания) !
je vous présente mon frère	razrichiti pritstavit' ma-ïivo brata	разрешите представить моего брата
puis-je vous présenter mon ami ?	razrichiti pritstavit' ma-ivo drouga ?	разрешите представить моего друга ?
mon amie ?	ma-ïou padrougou ?	мою подругу ?
enchanté(e) de faire votre connaissance	otchin pri-ïatna s vami paznakomitsa	очень приятно с вами познакомитьса
bienvenue chez nous	dabro pajalavat' !	добро пожаловать !
bon voyage	chtchislivava pouti !	счастливого пути !
excusez-moi	izviniti !	извините !
excusez mon retard	izviniti za apazdani-ïe	извините за опоздание
ce n'est rien	nitchivo	ничего
s'il vous plaît	pajalousta	пожалуйста
je vous en prie	pajalousta	пожалуйста
de rien	nie za chta	не за что

ENTRAÎNEZ-VOUS

A Comment dire en français :

1. priviet ! — Привет !
2. dobryï vietchir ! — Добрый вечер !
3. kak dila ? — Как дела ?
4. spasiba. — Спасибо.

B Comment dire en russe :

1. *Comment ça va ?*
2. *Merci, tout va bien.*
3. *Comment vas-tu ?*
4. *Comment allez-vous ?*
5. *Excusez-moi.*

SOLUTIONS

A
1. *Salut !*
2. *Bonsoir !*
3. *Comment ça va ?*
4. *Merci.*

B
1. kak dila ? — Как дела ?
2. spasiba, fsio haracho. — Спасибо, всё хорошо.
3. kak pajyva-ich ? — Как поживаешь ?
4. kak pajyva-iti ? — Как поживаете ?
5. izviniti. — Извините.

Tutoiement et vouvoiement en russe

En Russie, on tutoie les personnes plus jeunes ou du même âge que soi seulement si on les connaît bien. Le vouvoiement est employé avec les personnes que l'on ne connaît pas ou peu, ou bien avec les personnes plus âgées que soi, ou encore au travail.

Tous les Russes ont un *prénom* ([imia] имя), un *patronyme* ([otchistva] отчество) et un *nom de famille* ([famili-ïa] фамилия).

Par exemple : *Piotr Ivanovitch Sedov* [piotr ivanavitch sidof]
Пётр Иванович Седов.

Les adultes qui ne se connaissent pas très bien s'appellent généralement par leur prénom suivi du patronyme et se vouvoient.

Le patronyme est formé sur le prénom du père. On ajoute le suffixe [–ovitch] –ович au masculin et [–ovna] –овна au féminin.

Dans l'ex-Union Soviétique, la formule officielle de politesse pour s'adresser à une personne était « *camarade* » ([tavarichtch] товарищ) suivi du nom de famille.

Exemple : *camarade Petrov* [tavarichtch pitrof] товарищ Петров

Aujourd'hui, c'est une formule plus ancienne qui revient peu à peu à l'usage :

monsieur [gaspadin] господин + le nom de famille au masculin
madame [gaspaja] госпожа + le nom de famille au féminin

Par exemple : *monsieur Ivanov* [gaspadin ivanof] господин Иванов
madame Ivanova [gaspaja ivanova] госпожа Иванова

B1 Nourriture et boisson (1)

ïeda i napitki Еда и напитки

manger	ïest'/pa-ïest'	есть/поесть*
boire	pit'/vypit'	пить/выпить
j'ai faim	ïa hatchou ïest'	я хочу есть
j'ai soif	ïa hatchou pit'	я хочу пить
prendre son petit déjeuner	zaftrakat'/pazaftrakat'	завтракать/позавтракать
déjeuner	abiedat'/pa-abiedat'	обедать/пообедать
dîner	**ou**jynat'/pa-**ou**jynat'	ужинать/поужинать
apporter	prinasit'/prinisti	приносить/принести
petit déjeuner	zaftrak	завтрак
déjeuner	abiet	обед
dîner	**ou**jyn	ужин
table	stol	стол
chaise	stoul	стул
assiette	tarielka	тарелка
verre	stakan	стакан
couteau	noch	нож
fourchette	vilka	вилка
cuillère	lochka	ложка
serviette	salfietka	салфетка
bouteille	boutylka	бутылка
viande	miasa	мясо
bœuf	gaviadina	говядина
mouton	baranina	баранина
porc	svinina	свинина
poulet	kouritsa	курица
jambon	vitchina	ветчина
saucisses	sasiski	сосиски
saucisson	kalbasa	колбаса
boulettes de viande	katliety	котлеты
poisson	ryba	рыба
hareng	siliotka	селёдка
esturgeon	asitrina	осетрина
saumon	lasos'	лосось (m.)
saumon fumé	kaptchona-ïa siomga	копчёная сёмга
caviar	ikra	икра

* Dans l'unité B, tous les verbes sont donnés par paire dans cet ordre : imperfectif (I.)/ perfectif (P.) (voir annexes, p. 134-135). Si le verbe est seul, son aspect est indiqué entre parenthèses.

B1 ENTRAÎNEZ-VOUS

A Pour demander / réclamer :

1. *Je voudrais de l'eau* (litt. « *on peut, de l'eau ?* »).
2. *Auriez-vous un autre verre ?*
3. *Il voudrait du caviar.*

B Proposer / préférer :

1. *Voudriez-vous manger du poisson ?*
2. *Nous pourrions dîner ici.*

C Aimer / ne pas aimer :

1. *J'aime la viande. / Je n'aime pas le poisson.*
2. *Aimez-vous le poulet ? – Oui.*

SOLUTIONS

A
1. m**o**jna vad**y** ? — М**о**жно вод**ы** ?
2. ou vas ïest' ichtch**o** adin stak**a**n ? — У вас есть ещё од**и**н стак**а**н ?
3. on hati**e**l by ikr**y**. — Он хот**е**л бы икр**ы**.

B
1. vy ni hat**i**ti r**y**by ? — Вы не хот**и**те р**ы**бы ?
2. my magl**i** by pa-**ou**jynat' zdies'. — Мы могл**и** бы по**у**жинать здесь.

C
1. ïa lioubl**iou** mi**a**sa. / ïa ni lioubl**iou** r**y**by.
   Я любл**ю** м**я**со. / Я не любл**ю** р**ы**бы.
2. vy li**ou**biti k**ou**ritsou ? – da.
   Вы л**ю**бите к**у**рицу ? – Да.

> **La cuisine russe ([r**ou**ska-ïa k**ou**hnia]) (1)**
>
> Les soupes russes les plus traditionnelles sont la *soupe au chou* ([chtchi] щи) et le *bortch* ([borchtch] борщ).
>
> • La soupe au chou est une soupe à base de bouillon de viande. Il existe de nombreuses recettes comme la soupe au chou frais, la soupe à la choucroute, la soupe au chou d'été avec des pommes de terre, etc.
>
> • Le bortch qui se prépare également avec du bouillon de viande est une soupe à laquelle on ajoute obligatoirement de la betterave. Il y a le bortch ukrainien (auquel on ajoute du lard et de l'ail), le bortch d'été (sans viande), le bortch aux champignons et aux pruneaux...
>
> Le bortch et la soupe au chou sont des plats très nourissants et se servent généralement chauds, ce qui convient parfaitement à un pays comme la Russie où les hivers sont longs et rigoureux.

B2 Nourriture et boissons (2)
ïeda i napitki   Еда и напитки

légumes	ovachtchi	овощи
chou	kapousta	капуста (tjs sing.)
tomate	pamidor	помидор
concombre	agouriets	огурец
carotte	markof'	морковь (f., tjs sing.)
salade	salat	салат
pomme de terre	kartofil' (kartochka)	картофель (m.) (картошка) (tjs sing.)
sel	sol'	соль (f.)
poivre	pierits	перец
moutarde	gartchitsa	горчица
pain	hliep	хлеб
lait	malako	молоко
fromage	syr	сыр
fromage blanc	tvarok	творог
beurre	masla	масло
œufs, un œuf	ïa-itsa, ïitso	яйца, яйцо
crème fraîche épaisse	smitana	сметана
crème fraîche liquide	slivki	сливки (tjs plur.)
sucre	sahar	сахар
pomme	ïablaka	яблоко
poire	groucha	груша
orange	apil'sin	апельсин
banane	banan	банан
eau	vada	вода
vin	vino	вино
bière	piva	пиво
café (au lait)	kofi (s malakom)	кофе (с молоком)
thé	tchaï	чай
tartine (sandwich)	boutirbrot	бутерброд
petit pâté	pirajok	пирожок
bortch (soupe russe aux betteraves)	borchtch	борщ
soupe au chou	chtchi	щи

B2 ENTRAÎNEZ-VOUS

A Demandez ou proposez en russe :

1. *Je voudrais une salade.*
2. *Avez-vous de la moutarde ?*
3. *Ne voulez-vous pas une autre bière ?*
4. *Qui veut du café ?*
5. *Que préférez-vous : vin ou vodka ?*

B Que veut dire en français :

1. salat is pamidoraf. Салат из помидоров.
2. pirajok s miasam. Пирожок с мясом.
3. kofi s malakom. Кофе с молоком.
4. tvarok sa smitanoï. Творог со сметаной.
5. boutirbrot s kalbasoï. Бутерброд с колбасой.

SOLUTIONS

A
1. ïa hatiel by salat. Я хотел бы салат.
2. ou vas ïest' gartchitsa ? У вас есть горчица ?
3. vy ni hatiti ichtcho piva ? Вы не хотите ещё пива ?
4. kto hotchit kofi ? Кто хочет кофе ?
5. chto vy pritpatchita-iti : vino ili votkou ? Что вы предпочитаете : вино или водку ?

B
1. *Salade de tomates.*
2. *Petit pâté à la viande.*
3. *Café au lait.*
4. *Fromage blanc à la crème fraîche.*
5. *Sandwich au saucisson.*

La cuisine russe (2)

Les boulettes pojarski ([katlieti pajarski-ïe] котлеты пожарские) se préparent à partir de viande hachée de poulet à laquelle on ajoute du pain blanc trempé dans du lait, du beurre légèrement tiédi et du sel. On mélange alors délicatement le tout. A partir de la farce ainsi obtenue, on forme des petites boulettes que l'on roule dans la chapelure. On les fait frire dans l'huile ou le beurre environ 4 à 5 minutes de chaque côté jusqu'à ce qu'elles deviennent dorées. Puis on les passe au four 5 minutes.
En guise d'accompagnement, on sert de la semoule de sarrasin ou différents légumes (petits pois, chou-fleur, pommes de terre sautées). Vous trouverez ce plat au menu de n'importe quel restaurant russe.

Vêtements (1)
adiejda Одежда

acheter	pakoupat'/koupit'	покупать/купить
s'habiller	adivatsa/adietsa	одеваться/одеться
se déshabiller	razdivatsa/razdietsa	раздеваться/раздеться
porter un vêtement	nasit' adiejdou	носить одежду
mettre	nadivat'/nadiet'	надевать/надеть
enlever	snimat'/sniat'	снимать/снять
ça me va bien	eto mnie otchin' idiot	это мне очень идёт
essayer	mierit'/pamierit'	мерить/померить
chaussures	obouf'	обувь (tjs sing./f.)
bottes	sapagi	сапоги
chaussettes	naski	носки
collants	kalgotki	колготки (tjs plur.)
culotte	trousy	трусы (tjs plur.)
pyjama	pijama	пижама
cravate	galstouk	галстук
écharpe	charf	шарф
foulard	platok	платок
mouchoir	nasavoï platok	носовой платок
gants	pirtchatki	перчатки
sac	soumka	сумка
parapluie	zontik	зонтик
bijoux	oukracheni-ïa	украшения
bague	kal'tso	кольцо
boucles d'oreilles	sier'gi	серьги
bracelet	brasliet	браслет
collier	bousy	бусы (tjs plur.)
montre	tchisy	часы (tjs plur.)

Les principales couleurs

blanc/blanche	bielyï / biela-ïa	белый / белая
bleu clair	galouboï / galouba-ïa	голубой / голубая
bleu foncé	siniï / sinïa-ïa	синий / синяя
marron	karitchnivyï / karitchniva-ïa	коричневый / коричневая
jaune	joltyï / jolta-ïa	жёлтый / жёлтая
vert/verte	zilionyï / ziliona-ïa	зелёный / зелёная
rouge	krasnyï / krasna-ïa	красный / красная
rose	rozavyï / rozava-ïa	розовый / розовая
gris/grise	sieryï / siera-ïa	серый / серая
noir/noire	tchornyï / tchorna-ïa	чёрный / чёрная

B3 ENTRAÎNEZ-VOUS

A Demandez en russe :

1. *Combien coûte cette écharpe ?*
2. *Où puis-je acheter une montre ?*
3. *Combien coûte cette bague ?*
4. *Où est mon foulard bleu ?*

B Que veut dire en français :

1. eta **o**bouf' **o**tchin' darag**a**-ia.	Эта **о**бувь **о**чень дорог**а**я.
2. ïa pakoup**a**-ïou **e**tou bi**e**lou-ïou s**ou**mkou.	Я покуп**а**ю **э**ту б**е**лую с**у**мку.
3. ïa pritpatchit**a**-ïou zili**o**nyï z**o**ntik.	Я предпочит**а**ю зел**ё**ный з**о**нтик.
4. an**a** li**ou**bit harach**o** adiv**a**tsa.	Он**а** л**ю**бит хорош**о** одев**а**ться.
5. eta vam **o**tchin' idi**o**t.	Это вам **о**чень ид**ё**т.

SOLUTIONS

A

1. sk**o**l'ka st**o**it etat charf ?	Ск**о**лько ст**о**ит этот шарф ?
2. gdie ïa mog**ou** koup**i**t' tchis**y** ?	Где я мог**у** куп**и**ть час**ы** ?
3. sk**o**l'ka st**o**-it eta kal'ts**o** ?	Ск**о**лько ст**о**ит это кольц**о** ?
4. gdie moï s**i**niï plat**o**k ?	Где мой с**и**ний плат**о**к ?

B

1. *Ces chaussures sont très chères.*
2. *J'achète ce sac blanc.*
3. *Je prèfère le parapluie vert.*
4. *Elle aime s'habiller bien.*
5. *Cela vous va très bien.*

Les adjectifs numériques (1)

premier	[pi**e**rvyï]	п**е**рвый
deuxième	[ftar**o**ï]	втор**о**й
troisième	[tri**e**tiï]	тр**е**тий
quatrième	[tchitvi**o**rtyï]	четв**ё**ртый
cinquième	[pi**a**tyï]	п**я**тый
sixième	[chyst**o**ï]	шест**о**й
septième	[sid'm**o**ï]	седьм**о**й
huitième	[vas'm**o**ï]	восьм**о**й
neuvième	[divi**a**tyï]	дев**я**тый
dixième	[disi**a**tyï]	дес**я**тый

B4 Vêtements (2)

adiejda Одежда

vendre	pradavat'/pradat'	продавать/продать
manteau	pal'to	пальто
manteau de fourrure	chouba	шуба
imperméable	plachtch	плащ
costume	kastioum	костюм
veste	pidjak	пиджак
pantalon	briouki	брюки
short	chorty	шорты
robe	plat'ïe	платье
jupe	ïoupka	юбка
chemise	roubachka	рубашка
chemisier	blouska	блузка
pull-over	svityr	свитер
col	varatnik	воротник
manche	roukaf	рукав
poche	karman	карман
bouton	pougavitsa	пуговица
ceinture	po-is	пояс
chapeau	chliapa	шляпа
casquette	fourachka	фуражка
lunettes	atchki	очки
lentilles (de contact)	kantaktny-ïe linzy	контактные линзы
laine	cherst'	шерсть
coton	hlopok	хлопок
cuir	koja	кожа
tissu	tkan'/matirial	ткань (f.)/материал

élégante	yligantnyï (a-ïa)	элегантный (ая)
mince	tonkiï (a-ïa)	тонкий (ая)
épais(se)	tolstyï (a-ïa)	толстый (ая)
léger/légère	liohkiï (a-ïa)	лёгкий (ая)
lourd(e)	tijolyï (a-ïa)	тяжёлый (ая)
court(e)	karotkiï (a-ïa)	короткий (ая)
long(ue)	dlinnyï (a-ïa)	длинный (ая)
chaud(e)	tioplyï (a-ïa)	тёплый (ая)
cher/chère	daragoï (a-ïa)	дорогой (ая)
bon marché	dichovyï (a-ïa)	дешёвый (ая)

B4 ENTRAÎNEZ-VOUS

[A] Demandez ou réclamez en russe :

1. *Où peut-on acheter des chaussures bon marché ?*
2. *Pouvez-vous me dire où on vend des lunettes ?*
3. *Je voudrais voir la jupe blanche.*

[B] Comment dire en français :

1. sinie-ïe pal'to.	Синее пальто.
2. tijola-ïa chouba.	Тяжёлая шуба.
3. daragoï pidjak.	Дорогой пиджак.
4. dlinny-ïe briouki.	Длинные брюки.

SOLUTIONS

[A]
1. Gdie mojna koupit' dichovou-ïou obouf' ?
   Где можно купить дешёвую обувь ?
2. vy ni skajyti, gdie prada-ïout otchki ?
   Вы не скажете, где продают очки ?
3. ïa hatiela by pasmatriet' bielou-ïou ïoupkou.
   Я хотела бы посмотреть белую юбку.

[B]
1. *un manteau bleu foncé.*
2. *un manteau de fourrure lourd.*
3. *une veste chère.*
4. *un pantalon (trop) long.*

Les adjectifs numériques (2)

onzième	[adinatsatyï]	одиннадцатый
douzième	[dvinatsatyï]	двенадцатый
treizième	[trinatsatyï]	тринадцатый
quatorzième	[tchityrnatsatyï]	четырнадцатый
quinzième	[pitnatsatyï]	пятнадцатый
seizième	[chysnatsatyï]	шестнадцатый
dix-septième	[simnatsatyï]	семнадцатый
dix-huitième	[vasimnatsatyï]	восемнадцатый
dix-neuvième	[divitnatsatyï]	девятнадцатый
vingtième	[dvatsatyï]	двадцатый
vingt-et-unième	[dvatsat' piervyï]	двадцать первый
trentième	[tritsatyï]	тридцатый
trente-et-unième	[tritsat' piervyï]	тридцать первый

B5 La maison (1)

dom Дом

être chez soi	byt' doma	быть дома
être absent de chez soi	ni byt' doma	не быть дома
rentrer chez soi	virnoutsa damoï	вернуться домой
appartement	kvartira	квартира
vivre/habiter	jyt'	жить
se trouver	nahaditsa/naïtis'	находиться/найтись
banlieue	prigarat	пригород
centre-ville	tsentr gorada	центр города
mur	stina	стена
fenêtre	akno	окно
porte	dvier'	дверь (f.)
clé	klioutch	ключ
sonnette	zvanok	звонок
escalier	liestnitsa	лестница
ascenseur	lift	лифт
louer (pour le locataire)	snimat'/sniat'	снимать/снять
déménager	pri-ïehat'	приехать
maison de campagne	datcha	дача
jardin	sat	сад
fleurs	tsvity	цветы
arbres	diriev'ïa	деревья
plaire	nravitsa/ panravitsa	нравиться/ понравиться
sonner	zvanit'/pazvanit'	звонить/позвонить
ouvrir	otkryvat'/atkryt'	открывать/открыть
entrer	vhadit'/vaïti	входить/войти
sortir	vyhadit'/vyïti	выходить/выйти
fermer	zakryvat'/zakryt'	закрывать/закрыть
pièce (de la maison)	komnata	комната
sol	pol	пол
plafond	patalok	потолок
coin	ougal	угол
entrée	prihoja-ïa	прихожая
couloir	karidor	коридор
salle à manger	stalova-ïa	столовая
pièce/chambre	komnata	комната
chambre à coucher	spal'nia	спальня
cuisine	kouhnia	кухня
salle de bains	vanna-ïa	ванная

B5 ENTRAÎNEZ-VOUS

A Que veut dire en français :

1. moï drouk jiviot v etam domi. Мой друг живёт в этом доме.
2. ïivo niet doma. Его нет дома.
3. ïi-ïo niet doma. Её нет дома.
4. vam nravitsa eta kvartira ? Вам нравится эта квартира ?

B Répondez aux questions négativement :

1. ou vas ïest' dom ? У вас есть дом ?
2. ou vas ïest' datcha ? У вас есть дача ?
3. ou vas ïest' sat ? У вас есть сад ?
4. ou vas ïest' garach ? У вас есть гараж ?

SOLUTIONS

A
1. *Mon ami vit dans cette maison.*
2. *Il n'est pas chez lui.*
3. *Elle n'est pas chez elle.*
4. *Cet appartement vous plaît-il ?*

B
1. niet, ou minia niet doma. Нет, у меня нет дома.
2. niet, ou minia niet datchi. Нет, у меня нет дачи.
3. niet, ou minia niet sada. Нет, у меня нет сада.
4. niet, ou minia niet garaja. Нет, у меня нет гаража.

Le caviar russe

• Il n'y a rien de meilleur et de plus apprécié en Russie que le caviar. En russe on dit [tchorna-ïa ikra] чёрная икра ou [zirnista-ïa ikra] зернистая икра *caviar noir*, et [krasna-ïa ikra] красная икра *caviar rouge*, c'est-à-dire les œufs de saumon. En calories, le caviar, noir ou rouge, supplante la viande, le lait et bien d'autres produits. Le caviar d'esturgeon est d'autant goûteux et d'autant plus prisé qu'il est serré et à grains clairs ; le caviar de saumon, au contraire, est d'autant plus savoureux que les grains sont moins serrés.

• Le meilleur caviar noir est le « *beluga* » [bilouj'ïa] белужья, ensuite vient « *l'ossètre* » [asietrava-ïa] осетровая, en troisième position le « *sevruga* » [sivrouj'ïa] севружья. Le caviar noir est mis en saumure et pasteurisé et conditionné généralement en bocal de verre hermétique, ce qui garantit une longue conservation.

• Le *caviar pressé* [pa-ïousna-ïa ikra] паюсная икра est un caviar frais élaboré différemment. Il se conserve encore plus longtemps. Le meilleur caviar pressé est le sevruga.

B6 La maison (2)

dom Дом

lavabo	oumyval'nik	умывальник
baignoire	vanna	ванна
robinet	kran	кран
toilettes	toualiet	туалет
meubles	miebil'	мебель (tjs sing., f.)
tapis	kavior	ковёр
rideaux	zanavieski	занавески
table	stol	стол
chaise	stoul	стул
fauteuil	kriesla	кресло
divan	divan	диван
lit	kravat'	кровать
armoire	chkaf	шкаф
machine à laver (le linge)	stiral'na-ïa machyna	стиральная машина
fer à repasser	outiouk	утюг
repasser	gladit'/vygladit'	гладить/выгладить
lampe	lampa	лампа
cuisinière (plaque de cuisson)	plita	плита
réfrigérateur	haladil'nik	холодильник
évier	rakavina	раковина
four	douhovka	духовка
four à micro-ondes	mikravalnova-ïa pietch	микроволновая печь (f.)
casserole	kastrioulia	кастрюля
faire la cuisine	gatovit'/prigatovit'	готовить/приготовить
faire la vaisselle	myt' pasoudou	мыть посуду
faire la lessive	stirat'/vystirat'	стирать/выстирать
faire le ménage	oubirat'/oubrat'	убирать/убрать
faire le lit	zapravliat'/zapravit' pastiel'	заправлять/заправить постель (f.)
mettre le table	nakryvat'/nakryt' na stol	накрывать/накрыть на стол
allumer la lumière	fklioutchat'/fklioutchit' sviet	включать/включить свет
éteindre la lumière	gasit'/pagasit' sviet	гасить/погасить свет

B6 ENTRAÎNEZ-VOUS

A Comment dire en russe :

1. *Allumez la lumière, s'il vous plait.*
2. *Je dois faire la vaisselle.*
3. *Il doit repasser sa chemise.*
4. *Mettons la table !*

B Que veut dire en français :

1. haladil'nik na kouhni.	Холодильник на кухне.
2. lampa na stalie f komnati.	Лампа на столе в комнате.
3. f komnati ïest' divan, stol, dva stoula i kriesla.	В комнате есть диван, стол, два стула и кресло.

SOLUTIONS

A

1. fklioutchiti sviet, pajalousta !	Включите свет, пожалуйста !
2. ïa daljna myt' pasoudou.	Я должна мыть посуду.
3. on doljyn vygladit' roubachkou.	Он должен выгладить рубашку.
4. davaïti nakryvat' na stol.	Давайте накрывать на стол.

B

1. *Le réfrigérateur est dans la cuisine.*
2. *La lampe est sur la table dans la pièce.*
3. *Dans la pièce il y a un divan, une table, deux chaises et un fauteuil.*

Comprenez certaines enseignes

prêt à porter	[gatova-ïa adiejda]	готовая одежда
vêtements femme	[jenska-ïa adiejda]	женская одежда
vêtements homme	[mouchska-ïa adiejda]	мужская одежда
vêtements enfant	[dietska-ïa adiejda]	детская одежда
fourrure	[miha]	меха
maroquinerie	[kojany-ïe izdieli-ïa]	кожаные изделия
lainage	[trikatach]	трикотаж
mercerie	[galantirie-ïa]	галантерея
souvenirs	[souviniry]	сувениры
magasin d'occasions	[kamisionnyï magazin]	комиссионный магазин
	[kamisionka]	комиссионка
grand magasin	[ounivirmak]	универмаг
supermarché	[ounivirsam]	универсам
épicerie	[gastranom]	гастроном

B7 Les voyages (1)

poutichestvi-ïa Путешествия

voyager	poutichestvavat' (iezdit')	путешествовать (ездить)
voyage	poutichestvi-ïe	путешествие
partir en vacances	pa-ïehat' v otpousk	поехать в отпуск
partir (loin)	ou-ïehat'	уехать (P.)
arriver (de loin)	pri-ïehat'	приехать (P.)
les bagages	bagach	багаж
une valise	tchimadan	чемодан
passer la douane	praïti tamojynnyï dasmotr	пройти таможенный досмотр
frontière	granitsa	граница
traverser la frontière	piri-ïehat' granitsou	переехать границу
étranger	inastraniets	иностранец
étrangère	inastranka	иностранка
passeport	(zagranitchnyï) paspart	(заграничный) паспорт
carte d'identité	paspart	паспорт
aller à l'étranger	pa-ïehat' za granitsou	поехать за границу
aéroport	aeraport	аэропорт
aller à l'aéroport	ïehat' v aeraport	ехать в аэропорт
avion	samaliot	самолёт
en avion	samaliotam	самолётом
numéro de vol	nomir rieïsa	номер рейса
pilote	liottchik	лётчик
équipage	ekipach	экипаж
hôtesse	stiou-ardiesa	стюардесса
steward	stiou-art	стюард
attacher vos ceintures	pristig-niti rimni	пристегните ремни
défense de fumer	ni kourit'	не курить
décollage	vzliot	взлёт
atterrir	prizimliatsa/ prizimlitsa	приземляться/ приземлиться
atterrissage	pasatka	посадка

B7 ENTRAÎNEZ-VOUS

A Que veut dire en français :

1. ou minia mala bagaja.	У меня мало багажа.
2. ou minia niet tchimadana.	У меня нет чемодана.
3. ïa lioubliou poutichestvavat'.	Я люблю путешествовать.
4. ïa inastranits, ïa frantsous.	Я иностранец, я француз.
5. gdie vach paspart ?	Где ваш паспорт ?

B Posez les questions correspondantes :

1. ou minia ïest' paspart.	У меня есть паспорт.
2. ou minia niet bagaja.	У меня нет багажа.
3. ou minia ïest' tchimadan.	У меня есть чемодан.

SOLUTIONS

A
1. *J'ai peu de bagages.*
2. *Je n'ai pas de valise.*
3. *J'aime voyager.*
4. *Je suis étranger, je suis français.*
5. *Où est votre passeport ?*

B

1. ou vas ïest' paspart ?	У вас есть паспорт ?
2. ou vas ïest' bagaj ?	У вас есть багаж ?
3. ou vas ïest' tchimadan ?	У вас есть чемодан ?

Les panneaux de signalisation

cédez le passage	[oustoupit' darogou]	уступить дорогу
route principale	[glavna-ïa daroga]	главная дорога
sens unique	[adnastaronnie-ïe dvijeni-ïe]	одностороннее движение
carrefour	[pirikriostak]	перекрёсток
attention danger	[vnimani-ïe : apasnast']	внимание : опасность
vitesse limitée	[agranitcheni-ïe skorasti]	ограничение скорости
arrêt interdit	[astanofka zaprichina]	остановка запрещена
stationnement interdit	[sta-ïanka zaprichina]	стоянка запрещена
arrêt d'autobus	[astanovka avtobousa]	остановка автобуса
arrêt de trolleybus	[astanovka traleïbousa]	остановка тролейбуса
arrêt de tramway	[astanovka tramva-ïa]	остановка трамвая
station de métro	[stantsy-ïa mitro]	станция метро
station de taxi	[sta-ïanka taksi]	стоянка такси

voiture	machyna	машина
en voiture	na machyni	на машине
camion	grouzavik	грузовик
autocar/car	aftobous	автобус
en car	na aftobousi	на автобусе
motocyclette	matatsikl	мотоцикл
route	daroga	дорога
autoroute	avtamagistral'	автомагистраль (f.)
s'arrêter	astanavlivatsa/ astanavitsa	останавливаться/ остановиться
conducteur	vaditil'	водитель
conduire vite	vadit' bystra	водить быстро
tomber en panne	patirpiet' avari-ïou	потерпеть аварию
se garer	stavit'/pastavit' machynou	ставить/поставить машину
une station-service	(avta-)zapravatchna-ïa stantsi-ïa	(авто-)заправочная станция
essence	binzin	бензин
chemin de fer	jyliezna-ïa daroga	железная дорога
train	po-ist	поезд
en train	na po-izdi (po-izdam)	на поезде (поездом)
train rapide	skoryï po-ist	скорый поезд
gare	vakzal	вокзал
aller à la gare	ïehat'/pa-ïehat' na vakzal	ехать/поехать на вокзал
prix du billet	tsyna bilieta	цена билета
1re classe	piervava klasa	первого класса
2e classe	ftarova klasa	второго класса
réserver des places	braniravat'/ zabraniravat' mista	бронировать/ забронировать места
aller et retour	touda i abratna	туда и обратно
wagon	vagon	вагон
wagon-lit	spal'nyï vagon	спальный вагон
wagon-restaurant	vagon-ristaran	вагон-ресторан
compartiment	koupe	купе
place libre	svabodna-ïe miesta	свободное место
horaire	raspisani-ïe	расписание
bateau	parahot	пароход
croisière	krou-is	круиз

ENTRAÎNEZ-VOUS

A Que veut dire en français :

1. skol'ka sto-it biliet da Parija ? Сколько стоит билет до Парижа?
2. ani patirpieli avari-ïou. Они потерпели аварию.
3. na vakzal noujna ïehat' na aftobousi. На вокзал нужно ехать на автобусе.
4. f po-izdi ïest' vagon-ristaran ? В поезде есть вагон-ресторан ?

B Comment dire en russe :

1. *Avez-vous de l'essence ?*
2. *Y a-t-il des places libres ici, s'il vous plait ?*
3. *Je dois prendre un taxi.*
4. *Il conduit trop vite.*

SOLUTIONS

A
1. *Combien coûte un billet pour Paris ?*
2. *Ils sont tombés en panne.*
3. *Pour aller à la gare, il faut prendre l'autobus.*
4. *Y a-t-il un wagon-restaurant dans le train ?*

B
1. ou vas ïest' binzin ?
   У вас есть бензин ?
2. Skajiti, pajalousta, zdies' ïest' svabodny-ïe mista ?
   Скажите, пожалуйста, здесь есть свободные места ?
3. ïa doljyn vziat' taksi.
   Я должен взять такси.
4. on slichkam bystra vodit machynou.
   Он слишком быстро водит машину.

Le taxi [taksi] такси

• En Russie (et particulièrement à Moscou), il est préférable de commander un taxi à l'avance depuis son domicile ou de son hôtel. (A Moscou, il existe quelques agences de transport dont les numéros de téléphone se trouvent dans l'annuaire). On vous attribue alors un numéro de réservation.
Pour aller à l'aéroport ou à la gare, les prix sont fixés à l'avance. Le pourboire n'est pas obligatoire.
• Si vous arrêtez un taxi dans la rue, tout d'abord il faut savoir que le chauffeur peut refuser la course et ensuite, s'il accepte de vous emmener, il vaut mieux s'entendre avec lui à l'avance sur le prix. Si le chauffeur voit que vous êtes étranger, il peut arriver qu'il vous annonce un prix supérieur (il faut rester vigilant).
Si vous arrêtez une voiture particulière (ce qui n'est pas très recommandé), il vaut mieux également s'entendre à l'avance sur le prix.

B9 La famille

sim'-ïa семья

nom de famille	famili-ïa	фамилия
prénom	imia	имя
patronyme	ottchistva	отчество
parents (père et mère)	raditili	родители
(famille)	rotsvinniki	родственники
père/mère	otiets/mat'	отец/мать
papa/maman	papa/mama	папа/мама
mari/femme	mouch/jyna	муж/жена
fils/fille	syn/dotch	сын/дочь
garçon/fille	mal'tchik/dievatchka	мальчик/девочка
frère/sœur	brat/sistra	брат/сестра
grand-père/grand-mère	diedouchka/babouchka	дедушка/бабушка
petit-fils/petite-fille	vnouk/vnoutchka	внук/внучка
oncle/tante	diadia/tiotia	дядя/тётя
neveu/nièce	plimiannik/plimiannitsa	племянник/племянница
enceinte	birieminna	беременна
je suis né(e) à...	ïa radilsia/radilas' v...	я родился/родилась в...
naissance	rajdieni-ïe	рождение
anniversaire	dien' rajdieni-ïa	день рождения
bébé	malych	малыш
enfant	ribionak	ребёнок
enfants	dieti	дети
il est célibataire	on holost	он холост
elle est célibataire	ana nizamoujym	она незамужем
fiancé(e)	jynih/niviesta	жених/невеста
il est marié	on jynat	он женат
elle est mariée	ana zamoujym	она замужем
épouser (un homme)	vyhadit'/vyïti zamouch za... (+ acc.)	выходить/выйти замуж за... (+ acc.)
épouser (une femme)	jynitsa na... (+ loc.)	жениться на... (+ loc.)
mariage	brak	брак
noce	svad'ba	свадьба
je suis divorcé(e)	ïa razvidion/razvidina	я разведён/разведена
jeune	maladoï/malada-ïa	молодой/молодая
vieux/vieille	staryï/stara-ïa	старый/старая
mourir	oumirat'/oumiriet'	умирать/умереть
veuf/veuve	vdaviets/vdava	вдовец/вдова

B9 ENTRAÎNEZ-VOUS

A Donner la forme féminine des mots suivants :

1. atiets	отец	5. mal'tchik	мальчик
2. papa	папа	6. diadia	дядя
3. syn	сын	7. vnouk	внук
4. mouch	муж	8. jynih	жених

B Que veut dire en français :

1. ou vas ïest rotstvinniki v maskvie ?	У вас есть родственники в Москве ?
2. skol'ka ou vas ditieï ?	Сколько у вас детей ?
3. kagda boudiet vacha svad'ba ?	Когда будет ваша свадьба ?
4. on hotchit jynitsa na kati.	Он хочет жениться на Кате.
5. ona hotchit vyïti zamouch za ivana.	Она хочет выйти замуж за Ивана.

SOLUTIONS

A

1. mat'	мать	5. dievotchka	девочка
2. mama	мама	6. tiotia	тётя
3. dotch	дочь	7. vnoutchka	внучка
4. jyna	жена	8. niviesta	невеста

B

1. *Avez-vous des parents à Moscou ?*
2. *Combien avez-vous d'enfants ?*
3. *Quand aura lieu votre mariage ?*
4. *Il veut se marier avec Katia.*
5. *Elle veut épouser Ivan.*

Pour exprimer des sentiments, retenez aussi :

Tu m'aimes ?	Ты меня любишь ?	[ty minia lioubich ?]
Qui aimez-vous ?	Кого вы любите ?	[kavo vy lioubiti ?]
Qu'aimes-tu ?	Что ты любишь ?	[chto ty lioubich ?]
Elle n'aime plus Paul.	Она уже не любит Павла. [ana ouje ni lioubit pavla]	

Le verbe [abajat'] signifie *adorer*. Il est suivi de l'accusatif.

Il adore Véra.	Он обожает Веру.	[on abaja-it vierou]
J'adore Paris.	Я обожаю Париж.	[ïa abaja-ïou parich]
J'adore les concerts de piano.	Я обожаю фортепьянные концерты. [ïa abaja-ïou fartyp'ïanny-ïe kantserty]	

B 10 La ville
gorat город

bâtiment	zdani-ïe	здание
rue	oulitsa	улица
boulevard	boul'var	бульвар
avenue	praspiekt	проспект
route	daroga	дорога
centre	tsentr	центр
quartier	kvartal	квартал
école	chkola	школа
poste	potchta	почта
commissariat	atdilieni-ïe militsi-i	отделение милиции
police	militsy-ïa	милиция
agent de police	militsy-anier	милиционер
police de la route	ge-i-b-d-d	Г.И.Б.Д.Д.
office de tourisme	intourist	Интурист
parc	park	парк
circulation	dvijeni-ïe	движение
embouteillage	propka	пробка
arrêt d'autobus	astanofka avtobousa	остановка автобуса
métro	mitro	метро
escalier mécanique	yskalatar	эскалатор
station de taxis	sta-ïanka taksi	стоянка такси
piétion	pichyhot	пешеход
traverser	pirihadit'/piriïti	переходить/перейти
passage clouté	pichyhodnyï pirihot	пешеходный переход
passage souterrain	padziemnyï pirihot	подземный переход
trottoir	tratouar	тротуар
carrefour	pirikriostak	перекрёсток
sens unique	adnastaronni-ïe dvijeni-ïe	одностороннее движение
dans quel sens ?	v kakom naplavlieni-i ?	в каком направлении ?
tourner	pavaratchivat' /pavirnout'	поворачивать /повернуть
à droite/à gauche	naprava/nalieva	направо/налево
tout droit	priama	прямо
accident	aftamabil'na-ïa katastrofa	автомобильная катастрофа
feux (de signalisation)	svitafor	светофор
contravention/amende	chtraf	штраф
bureau de renseignements	garatska-ïa sprafka (gor-sprafka)	городская справка (горсправка)
aller (à pied) jusqu'à…	it'ti da… (+ gen.)	идти до… (+ gen.)

B10 ENTRAÎNEZ-VOUS

A Comment dire en russe :

1. *Où est la gare ?*
2. *Peut-on y aller à pied, ou faut-il prendre un bus ?*
3. *Puis-je me garer ici ?*
4. *Je dois aller à la poste.*

B Que veut dire en français :

1. ïa jyv**ou** f tsentri g**o**rada. — Я жив**у** в центре г**о**рода.
2. zdies' adnastar**o**nni-ïe dvijenie. — Здесь одностор**о**ннее движение.
3. sprasiti dar**o**gou ou militsy-aniera. — Спрос**и**те дор**о**гу у милицион**е**ра.

SOLUTIONS

A
1. gdie vakz**a**l ? — Где вокз**а**л ?
2. m**o**jna it-t**i** pichk**o**m **i**li n**ou**jna ïehat' na aft**o**bousi ? — М**о**жно идт**и** пешк**о**м **и**ли н**у**жно **е**хать на авт**о**бусе ?
3. ïa mag**ou** zdies' past**a**vit' mach**y**nou ? — Я мог**у** здесь пост**а**вить маш**и**ну ?
4. mnie n**ou**jna paït**i** na p**o**tchtou. — Мне н**у**жно пойт**и** на п**о**чту.

B
1. *Je vis au centre-ville.*
2. *Ici c'est un sens unique.*
3. *Demandez le chemin à un agent de police.*

Le métro ([mitr**o**] метр**о**)

Le moyen de transport le plus pratique à Moscou et Saint-Pétersbourg est sans aucun doute le métro. A la différence du métro de Paris, la distance qui sépare deux stations est bien plus importante. De plus, il n'est pas rare de devoir emprunter également l'autobus, le tramway ou le trolleybus ou encore marcher à pied pour parvenir jusqu'à son but.
Les tickets ou plutôt les cartes magnétiques s'achètent à la caisse de chaque station. Si vous achetez une carte pour plusieurs trajets, cela vous reviendra moins cher.
Les plans de métro s'achètent dans les kiosque à journaux. On peut également les consulter à l'intérieur de chaque wagon.
A chaque station, une voix à l'intérieur du train signale la fermeture des portes et annonce le nom de la station suivante. Par exemple :

« *Attention à la fermeture des portes, prochaine station : Okhotny Riad* ».
astar**o**jna, dvieri zakryva-ïoutsa, sliedou-ïouchtcha-ïa stantsy-ïa : ah**o**tnyï riat
Остор**о**жно, двери закрываются, следующая станция : Ох**о**тный Ряд.

B11 Courses

pakoupki покупки

faire les courses	it'ti (hadit') v magazin	идти (ходить) в магазин
faire des achats	dielat' pakoupki	делать покупки
le magasin est fermé	magazin zakryt	магазин закрыт
le magasin est ouvert	magazin atkryt	магазин открыт
épicerie	gastranom	гастроном
boucherie	misnoï magazin	мясной магазин
vendeur/vendeuse	pradaviets/ pradafchtchitsa	продавец/ продавщица
acheter	pakoupat'/koupit'	покупать/купить
vendre	pradavat'/pradat'	продавать/продать
prix	tsyna	цена
Combien ça coûte ?	skol'ka eta sto-it ?	Сколько это стоит ?
C'est (trop) cher.	eta (slichkam) doraga.	Это (слишком) дорого.
C'est bon marché.	eta nidoraga (diochyva).	Это недорого (дёшево).
Je n'ai pas d'argent.	ou minia niet dienik.	У меня нет денег.
l'argent liquide	nalitchny-ïe	наличные
chèque	tchek	чек
carte de crédit	kriditna-ïa kartatchka	кредитная карточка
payer	platit'/zaplatit'	платить/заплатить
en liquide	nalitchnymy	наличными
par chèque	tchekam	чеком
par carte de crédit	kriditnaï kartatchkaï	кредитной карточкой
Avez-vous la monnaie ?	ou vas ïest' mielatch ?	У вас есть мелочь ?
caisse	kassa	касса
caissier/caissière	kassir/kassircha	кассир/кассирша
Je vais réfléchir.	ïa padouma-ïou	Я подумаю.
Est-ce que je peux échanger cette robe ?	ïa magou paminiat' eta plat'ïe ?	Я могу поменять это платье ?
Cette robe est trop petite/grande.	eta plat'ïe mnie malo/veliko.	Это платье мне мало/велико.
Quelles tailles avez-vous ?	kaki-ïe razmiery ou vas ïest' ?	Какие размеры у вас есть ?
Avez-vous de grandes (petites) tailles ?	ou vas ïest' balchy-ïe (malin'ki-ïe) razmiery ?	У вас есть большие (маленькие) размеры ?
Ne pourriez-vous pas changer cent roubles ?	vy ni mojyti razminiat' sto roublieï ?	Вы не можете разменять сто рублей ?
Quel est le cours du change de l'euro/ du dollar ?	kakoï kours abmiena ïevra/ dollara ?	Какой курс обмена евро/ доллара ?
bureau de change	abmiennyï pounkt	обменный пункт
devise(s)	valiouta	валюта
insigne (pin's)	znatchok	значок

ENTRAÎNEZ-VOUS

A Comment dire en russe :

1. *Combien coûte ce costume ?*
2. *J'aime faire du shopping.*
3. *Quelles tailles avez-vous ?*
4. *Où se trouve le bureau de change ?*
5. *Quel est le cours de l'euro ?*

B Que veut dire en français :

1. gastran**o**m zakr**y**t. — Гастрон**о**м закр**ы**т.
2. sk**o**l'ka **e**ta st**o**-it ? — Ск**о**лько **э**то ст**о**ит ?
3. **e**ta d**o**raga. — **Э**то д**о**рого.
4. ou vas ïest' m**ie**latch ? — У вас есть м**е**лочь ?
5. vy m**o**jyti razmini**a**t' d**ie**ngi ? — Вы м**о**жете размен**я**ть д**е**ньги ?

SOLUTIONS

A

1. sk**o**l'ka st**o**-it **e**tat kasti**ou**m ? — Ск**о**лько ст**о**ит **э**тот кост**ю**м ?
2. ïa lioubli**ou** d**ie**lat' pak**ou**pki. — Я любл**ю** д**е**лать пок**у**пки.
3. kak**i**-ïe razm**ie**ry ou vas ïest' ? — Как**и**е разм**е**ры у вас есть ?
4. gdie nah**o**ditsa abm**ie**nnyï p**ou**nkt ? — Где нах**о**дится обм**е**нный п**у**нкт ?
5. kak**o**ï kours abm**ie**na **ï**evra ? — Как**о**й курс обм**е**на **е**вро ?

B

1. *L'épicerie est fermée.*
2. *Combien ça coûte ?*
3. *C'est cher.*
4. *Avez-vous de la monnaie ?*
5. *Pouvez-vous me faire de la monnaie ?*

Autobus, trolleybus et tramways

([aft**o**bousy, tral**e**ïbousy, tramv**a**-i] авт**о**бусы, тролл**е**йбусы, трамв**а**и)

On peut utiliser les mêmes billets indifféremment pour l'autobus, le trolleybus ou le tramway mais ils ne conviennent pas pour le métro. On peut les acheter à l'unité ou par 10, mais cela ne change pas le prix. Par contre, si vous achetez directement votre billet au chauffeur, il vous coûtera un peu plus cher.

• Il existe également des lignes de taxi-bus [marchr**ou**tny-ïe taks**i**] маршр**у**тные такс**и** (minibus pour 10-12 personnes). Cela coûte un peu plus cher mais c'est plus rapide et plus confortable. On règle directement au chauffeur. Les arrêts se font à la demande des passagers. On reconnaît ces taxi-bus à l'inscription « автол**а**йн » [aftal**a**ïn].

• Une ligne de taxi-bus conduit directement à l'aéroport Cheremitievo I et II ([chirimiet'iva ad**i**n i dva] Шереметьево 1 и 2). Au départ de l'aérogare central, il y a des autobus et des taxis-bus pour tous les aéroports.

B12 Le temps

pagoda погода

ciel	nieba	небо
nuage	oblaka	облако
soleil	sontsy	солнце
vent	vietir	ветер
pluie	docht'	дождь
orage	graza	гроза
neige	sniek	снег
grêle	grat	град
brouillard	touman	туман
Quel temps fait-il ?	kaka-ïa sivodnia pagoda ?	Какая сегодня погода ?
Aujourd'hui...	sivodnia…	Сегодня…
il fait beau	harocha-ïa pagoda	хорошая погода
il fait mauvais	plaha-ïa pagoda	плохая погода
il y a du vent	vietrina	ветрено
il fait chaud	jarka	жарко
il fait bon	tiplo	тепло
il fait froid	holadna	холодно
il y a du soleil	solnitchna	солнечно
il neige	idiot sniek	идёт снег
il pleut	idiot docht'	идёт дождь
il fait lourd	douchna	душно
il fait humide	syra	сыро
il fait sec	souha	сухо
jour	dien'	день
nuit	notch	ночь
température	timpiratoura	температура
verglas	galaliot	гололёд
humidité	vlajnast'	влажность
printemps	visna	весна
au printemps	visnoï	весной
été	lieta	лето
en été	lietam	летом
automne	osin'	осень
en automne	osin'ïou	осенью
hiver	zima	зима
en hiver	zimoï	зимой
chaleur	jara	жара
prévisions météorologiques	pragnos pagody	прогноз погоды
Quelle est la météo pour demain ?	kakoï pragnos pagody na zaftra ?	Какой прогноз погоды на завтра ?

B 12 ENTRAÎNEZ-VOUS

A **Que veut dire en français :**

1. kaka-ïa sivodnia pagoda ?	Какая сегодня погода ?
2. sivodnia harocha-ïa pagoda.	Сегодня хорошая погода.
3. zimoï v maskvie holadna.	Зимой в Москве холодно.
4. ïa ni lioubliou jary.	Я не люблю жары.
5. idiot sniek i grat.	Идёт снег и град.

B **Comment dire en russe :**

1. *J'aime l'automne.*
2. *Quel temps fait-il aujourd'hui ?*
3. *Il neige.*
4. *Quel temps fait-il à Moscou au printemps ?*
5. *Aujourd'hui il fait très lourd.*

SOLUTIONS

A
1. *Quel temps fait-il aujourd'hui ?*
2. *Il fait beau aujourd'hui.*
3. *Il fait froid à Moscou en hiver.*
4. *Je n'aime pas la chaleur.*
5. *Il neige et il grêle.*

B

1. ïa lioubliou osin'.	Я люблю осень.
2. kaka-ïa sivodnia pagoda ?	Какая сегодня погода ?
3. idiot sniek.	Идёт снег.
4. kaka-ïa pagoda visnoï v maskvie ?	Какая погода весной в Москве ?
5. sivodnia otchin' douchna.	Сегодня очень душно.

Adresses affectueuses, exclamations et insultes en russe

mon chéri	[milyï]	милый
mon bien-aimé	[lioubimyï]	любимый
mon petit chéri	[lapatchka]	лапочка
mon trésor	[zolatka]	золотко
mon petit soleil	[solnychka]	солнышко
mon Dieu !	[bojy moï]	Боже мой !
zut ! flûte !	[tchort !]	Чёрт !
merde !	[tchiort vaz'mi !]	Чёрт возьми !
imbécile	[dourak]	дурак
idiot	[idiot]	идиот
salaud	[skatina]	скотина
porc	[svin'ïa]	свинья
connard	[svolatch]	сволочь

complet	miest niet	мест нет
remplir une fiche	zapolniat'/zapolnit' blank	заполнять/заполнить бланк
une chambre simple	adnamiesnyï nomir	одноместный номер
une chambre double	dvouhmiesnyï nomir	двухместный номер
Combien coûte cette chambre par jour ?	skol'ka sto-it etat nomir f soutki ?	сколько стоит этот номер в сутки
lit	kravat'	кровать
salle de bains	vanna-ïa	ванная
douche	douch	душ
Je voudrais une chambre avec bain (douche).	mnie nomir s vannoï (z douchym).	Мне номер с ванной (с душом).
eau chaude	tiopla-ïa vada	Тёплая вода
eau froide	halodna-ïa vada	холодная вода
savon	myla	мыло
baignoire	vanna	ванна
Le téléphone ne fonctionne pas	tilifon ni rabota-it	телефон не работает
robinet	kran	кран
descendre/séjourner	astanavlivatsa/ astanavitsa	останавливаться/ остановиться
salon de coiffure	parikmahirska-ïa	парикмахерская
réveiller	boudit'/razboudit'	будить/разбудить
appeler	zvanit'/pazvanit'	звонить/позвонить
fonctionner	rabotat'	работать
faire le ménage	oubirat'/oubrat'	убирать/убрать
menu/carte	miniou	меню
commander	zakazyvat'/zakazat'	заказывать/заказать
servir	apsloujyvat'/apsloujyt'	обслуживать/обслужить
plat	bliouda	блюдо
manger	ïest'/pa-ïest'	есть/поесть
bouillon	boul'ïon	бульон
hors-d'oeuvre	zakouski	закуски
viande	miasa	мясо
dessert	slatka-ïe	сладкое
note/addition	chtchot	счёт
payer	platit'/zaplatit'	платить/заплатить
serviette	salfietka	салфетка
serveur/serveuse	afitsant/afitsantka	официант/официантка
donner un pourboire	dat' na tchaï	дать на чай
carte de crédit	kriditna-ïa kartatchka	кредитная карточка
chèque	tchek	чек

B 13 ENTRAÎNEZ-VOUS

A Que veut dire en français :

1. ïa lioubl**iou** borchtch. — Я люблю борщ.
2. chtchot, paj**a**lousta ! — Счёт, пожалуйста !
3. v v**a**nnaï ïest' m**y**la. — В ванной есть мыло.
4. ïa ni ïem svin**i**ny. — Я не ем свинины.
5. tilif**o**n ni rab**o**ta-it. — Телефон не работает.

B Comment dire en russe :

1. *J'aime beaucoup le bouillon.*
2. *Il n'y a pas d'eau chaude dans la chambre.*
3. *L'addition, s'il vous plait !*
4. *Il faut donner un pourboire au garçon.*
5. *Que mangerez-vous ?*

SOLUTIONS

A

1. *J'aime le bortch.*
2. *L'addition, s'il vous plait !*
3. *Il y a du savon dans la salle de bains.*
4. *Je ne mange pas de porc.*
5. *Le téléphone ne fonctionne pas.*

B

1. ïa **o**tchin lioubl**iou** boul'ï**o**n. — Я **о**чень любл**ю** буль**о**н.
2. v n**o**miri niet gari**a**tchiï vad**y**. — В н**о**мере нет гор**я**чей вод**ы**.
3. chtchot, paj**a**lousta ! — Счёт, пож**а**луйста !
4. n**ou**jna dat' afitsantou na tchaï. — Н**у**жно дать официанту на чай.
5. chto vy b**ou**diti ïest' ? — Что вы б**у**дете есть ?

La cuisine russe (3)

Les raviolis ([pil'mini] пельмени) russes sont très populaires en Russie et particulièrement en Sibérie. Ils ressemblent un peu aux raviolis italiens : ils sont également farçis à la viande et se cuisent quelques minutes dans l'eau bouillante parfumée à l'oignon et aux herbes. On les déguste accompagnés de quelques gouttes de vinaigre et de crème fraîche (ou de beurre).

Les chachliks ([chachlyki] шашлыки) sont des brochettes à base de viande de mouton, coupée en petits morceaux et marinée pendant quelques heures dans un mélange de vinaigre et d'herbes aromatiques avant cuisson sur lit de braises. C'est un plat originaire du Caucase.

La gelée (kissel [kisiel'] кисель) est l'un des desserts préférés des Russes. Elle se prépare à partir de baies ou de fruits. Elle se sert froide sous la forme d'une boisson épaisse. On obtient cette consistance en ajoutant de la fécule. Il existe de nombreuses recettes de kissels que vous trouverez dans tous les livres de cuisine russe.

B14 Le corps
tiela тело

tête	galav**a**	голов**а**
visage	lits**o**	лиц**о**
cheveux	v**o**lasy	в**о**лосы
yeux	gl**a**za	гл**а**за
oreille(s)	**ou**ha/**ou**chy	**у**хо/**у**ши
nez	n**o**s	н**о**с
bouche	r**o**t	р**о**т
dent/dents	z**ou**p/z**ou**by	з**у**б/з**у**бы
poitrine	gr**ou**t’	гр**у**дь (f.)
bras *main(s)*	rouk**a**/r**ou**ki	рук**а**/р**у**ки
doigts	p**a**liets	п**а**лец
jambe(s) *pied(s)*	nag**a**/n**o**gi	ног**а**/н**о**ги
cerveau	m**o**sk	м**о**зг
cœur	s**ie**rtsy	с**е**рдце
estomac	jyl**ou**dak	жел**у**док
os	k**o**st’	к**о**сть (f.)
peau	k**o**ja	к**о**жа
sang	kr**o**f’	кр**о**вь (f.)
marcher	had**i**t’	ход**и**ть
être debout	sta-**ïa**t’	сто**я**ть
se lever	vstav**a**t’/vst**a**t’	встав**а**ть/вст**а**ть
s’asseoir	sad**i**tsa/s**ie**st’	сад**и**ться/с**е**сть
être allongé, couché	lij**a**t’	леж**а**ть
grand	vys**o**kiï	выс**о**кий
petit	m**a**lin’kiï	м**а**ленький
beau	kras**i**vyï	крас**и**вый
fort	s**i**l’nyï	с**и**льный

B 14 ENTRAÎNEZ-VOUS

A Que veut dire en français :

1. ou nivo krasivy-ïe glaza.	У него красивые глаза.
2. ou ni-ïo malin'ki-ïe i biely-ïe zouby.	У неё маленькие и белые зубы.
3. ou ni-ïo krasivy-ïe nogi.	У неё красивые ноги.
4. ou nivo tchorny-ïe volasy i sini-ïe glaza.	У него чёрные волосы и синие глаза.

B Comment dire en russe :

1. *Vous avez les mains blanches.*
2. *Votre soeur a les yeux bleus.*
3. *Votre frère a de beaux yeux.*
4. *Il est très fort.*
5. *Elle est très grande.*

SOLUTIONS

A
1. *Il a de beaux yeux.*
2. *Elle a les dents petites et blanches.*
3. *Elle a de jolies jambes.*
4. *Il a les cheveux noirs et les yeux bleus.*

B

1. ou vas biely-ïe rouki.	У вас белые руки.
2. ou vacheï sistry sini-ïe glaza.	У вашей сестры синие глаза.
3. ou vachyva brata krasivy-ïe glaza.	У вашего брата красивые глаза.
4. on otchin' sil'nyï.	Он очень сильный.
5. ana otchin' vysoka-ïa.	Она очень высокая.

Les services quotidiens ([sloujby byta] службы быта)

laverie	[pratchichna-ïa]	прачечная
nettoyage à sec	[himtchistka]	химчистка
salon de coiffure	[parihmahirska-ïa]	парихмахерская
pour femmes	[jenskiï zal]	женский зал
pour hommes	[mouchskoï zal]	мужской зал
cordonnerie	[rimont obouvi]	ремонт обуви
	[abouvna-ïa mastirska-ïa]	обувная мастерская

B 15 La santé
zdarov'ïe здоровье

régime	rijym	режим
suivre un régime	sablioudat' rijym	соблюдать режим
je me sens…	ïa tchoustvou-ïou sibia…	я чувствую себя…
bien	haracho	хорошо
mal	ploha	плохо
maladie	baliezn'	болезнь
être malade	baliet'	болеть
tomber malade	zabaliet'	заболеть
j'ai la grippe	ou minia grip	у меня грипп
attraper la grippe	zabaliet' gripam	заболеть гриппом
guérir	vyzdaravlivat'/ vyzdaravit'	выздоравливать/ выздороветь
j'ai mal à…	ou minia balit…	у меня болит…
la tête	galava	голова
une dent	zoup	зуб
la gorge	gorla	горло
au ventre	jyvot	живот
l'estomac	jyloudak	желудок
j'ai mal aux…	ou minia baliat…	у меня болят…
dents	zouby	зубы
jambes (pieds)	nogi	ноги
médecin	vratch	врач
dentiste	zoubnoï vratch	зубной врач
chirurgien	hirourk	хирург
pharmacie	aptieka	аптека
dispensaire	paliklinika	поликлиника
hôpital	bal'nitsa	больница
j'ai mal (ça me fait mal)	mnie bol'na	мне больно
tousser	kachliat'	кашлять (I.)
j'ai un rhume	ou minia nasmark	у меня насморк
ordonnance	ritsept	рецепт
opération	apiratsy-ïa	операция
infarctus	infarkt	инфаркт
cancer	rak	рак
SIDA	spit	СПИД
appeler le médecin	vyzyvat'/vyzvat' vratcha	вызывать/вызвать врача
médicament	likarstva	лекарство
prendre un médicament	prinimat'/priniat' likarstva	принимать/принять лекарство

ENTRAÎNEZ-VOUS

A Que veut dire en français :

1. vam bol'na ? — Вам больно ?
2. da, mnie bol'na. — Да, мне больно.
3. niet, mnie ni bol'na. — Нет, мне не больно.
4. kak vy sibia tchoustvou-iti ? — Как вы себя чувствуете ?
5. ou vas ïest' nasmark ? — У вас есть насморк ?

B Comment dire en russe :

1. *J'ai mal à la tête.*
2. *Ivan a mal à une dent.*
3. *Est-ce que tu as mal à la gorge ?*
4. *Je suis malade.*

SOLUTIONS

A
1. *Est-ce que vous avez mal ?*
2. *Oui, j'ai mal.*
3. *Non, ça ne me fait pas mal.*
4. *Comment vous sentez-vous ?*
5. *Avez-vous un rhume ?*

B
1. ou minia balit galava. — У меня болит голова.
2. ou ivana balit zoup. — У Ивана болит зуб.
3. ou tibia balit gorla ? — У тебя болит горло ?
4. ïa balie-ïou. — Я болею.

Le drapeau russe

De 1918 à 1991, le drapeau russe est rouge frappé de la faucille et du marteau (symboles de l'alliance des paysans avec les ouvriers). Mais le 22 août 1991, 3 jours avant la chute du régime communiste, c'est un nouveau drapeau qui est hissé au-dessus du parlement : un drapeau à trois bandes horizontales blanche, bleue et rouge (de haut en bas). Ce « nouveau » drapeau est en fait né au XVIIe siècle à l'époque du tsar **Alexeï**. C'est lui qui en choisit les couleurs, mais c'est son fils, **Pierre le Grand**, qui en est le véritable initiateur : il décide de l'ordre des couleurs et du dessin général. Chaque couleur a sa signification en Russie : le rouge symbolise la souveraineté, la dignité et l'honneur de l'Etat ; le bleu est la couleur du manteau de la Vierge sous la protection de laquelle se trouvait la Russie ; le blanc symbolise l'indépendance et la liberté de l'Etat. A l'époque, ce drapeau n'est arboré que par les seuls bateaux de la flotte marchande russe. C'est seulement à la fin du XIXe siècle que ce drapeau devient celui de la nation russe tout entière mais pour seulement 22 ans... Aujourd'hui, c'est ce drapeau blanc-bleu-rouge qui flotte à nouveau au Kremlin.

voyager	poutichestvavat'	путешествовать (I.)
nager	plavat'	плавать (I.)
collectionner	kaliktsy-aniravat'	коллекционировать (I.)
des pièces	maniety	монеты
des timbres	marki	марки
des cartes postales	atkrytki	открытки
des insignes	znatchki	значки
j'aime	ïa lioubliou	я люблю
la musique	mouzykou	музыку
le théâtre	tiatr	театр
cinéma	kino	кино
regarder la télévision	smatriet' tilivizar	смотреть телевизор
danser	tantsyvat'/patantsyvat'	танцевать/потанцевать
je veux vous inviter…	ïa hatchou vas priglasit'	я хочу вас пригласить
à la campagne	za garad	за город
chez moi	v gosti	в гости
Quand (où) partez-vous (en vacances)	kagda (kouda) vy iediti (v otpousk) ?	Когда (куда) вы едете (в отпуск) ?
Nous allons à la mer	my ïedim k moriou.	Мы едем к морю.
plage	pliach	пляж
sable	pisok	песок
se baigner	koupatsa	купаться
faire du ski	katatsa na lyjah	кататься на лыжах
patiner	katatsa na kan'kah	кататься на коньках
piscine	bassieïn	бассейн
se promener	gouliat'/pagouliat'	гулять/погулять
voilier	parousnik	парусник
yacht	ïahta	яхта
hôtel	gastinitsa	гостиница
louer un bateau pour deux heures	vziat' naprakat katir na dva tchisa	взять напрокат катер на два часа
badminton	badminton	бадминтон
balle (ballon)	miatch	мяч
canot (barque)	lotka	лодка
jouer	igrat'	играть
au football	f foutbol	в футбол
au tennis	f tenis	в теннис
raquette	rakietka	ракетка

B 16 ENTRAÎNEZ-VOUS

A Mettez à la forme affirmative :

1. ïa ni hatch**ou** kat**a**tsa na lyj**ah**. Я не хоч**у** кат**а**ться на лыж**ах**.
2. ïa ni lioubli**ou** koup**a**tsa. Я не любл**ю** куп**а**ться.
3. ou mini**a** niet rak**ie**tki. У мен**я** нет рак**е**тки.
4. my ni **ie**dim k m**o**riou. Мы не **е**дем к м**о**рю.

B Que veut dire en français :

1. vy kaliktsy-anir**ou**-iti zn**a**tchki ? Вы коллекцион**и**руете зна**чк**и ?
2. ty li**ou**bich kin**o** ? Ты л**ю**бишь кин**о** ?
3. my hat**im** priglas**it'** vas v g**o**sti. Мы хот**и**м приглас**и**ть вас в г**о**сти.
4. vy li**ou**biti sport ? Вы л**ю**бите спорт ?

SOLUTIONS

A
1. ïa hatch**ou** kat**a**tsa na lyj**ah**. Я хоч**у** кат**а**ться на лыж**ах**.
2. ïa lioubli**ou** koup**a**tsa. Я любл**ю** куп**а**ться.
3. ou mini**a** ïest' rak**ie**tka. У мен**я** есть рак**е**тка.
4. my **ie**dim k m**o**riou. Мы **е**дем к м**о**рю.

B
1. *Est-ce que vous collectionnez les insignes ?*
2. *Aimes-tu le cinéma ?*
3. *Nous voulons vous inviter chez nous.*
4. *Aimez-vous le sport ?*

La conquête de l'espace

C'est en 1957 que l'URSS lance le premier *spoutnik* ([sp**ou**tnik] спутник) dans l'espace. A la surprise du monde entier, les Russes devançaient les Américains dans l'aventure de la conquête spatiale. Puis ils lancent le premier vol « habité » en envoyant dans l'espace la chienne **Laïka**. Mais c'est **Youri Gagarine**, le tout premier « cosmonaute » ([kasman**a**ft] космонавт), qui devient un héros national en accomplissant à bord du vaisseau *Vostok* un tour complet de la Terre le 12 avril 1961. Puis c'est **Valentina Térechkova** qui est la première femme à être envoyée dans l'espace en 1963. Après ces prouesses scientifiques, les Russes seront dépassés par les Américains. Mais en 1975, un exploit technique sans précédent est réalisé grâce à la collaboration entre les Russes et les Américains : l'arrimage du vaisseau spatial *Soyouz* ([sa-ï**ou**s] Союз) avec la navette spatiale américaine *Apollo*. Cette date marque le début d'une collaboration fructueuse qui dure jusqu'à nos jours entre les deux grandes nations.

B 17 Les médias : télévision, radio, presse

televidini-ïe, radio, priesa — телевидение, радио, пресса

regarder la télévision	smatriet' tilivizor	смотреть телевизор
chaîne	pragrama	программа
Sur quelle chaîne passe ce film ?	pa kakoï programi idiot etat fil'm ?	по какой программе идёт этот фильм ?
écran	ykran	экран
présentateur	diktar	диктор
une émission intéressante	intiriesna-ïa piridatcha	интересная передача
j'aime	ïa lioubliou	я люблю
cette émission	etou piridatchou	эту передачу
ce présentateur	etava diktara	этого диктора
téléspectateurs	tilizritili	телезрители
J'ai vu cela à la télévision.	ïa eta vidiel pa tilivizarou.	Я это видел по телевизору.
J'écoute la radio.	ïa sloucha-ïou radio.	Я слушаю радио.
auditeurs	slouchatili	слушатели
informations	novasti	новости
émission en direct	prima-ïa piridatcha	прямая передача
journal	gazieta	газета
quotidien	ïijydnievna-ïa	ежедневная
revue	journal	журнал
hebdomadaire	ïijynidiel'nyï	еженедельный
mensuelle	miesitchnyï	месячный
Quelles sont les nouvelles	chto novava ? kaki-ïe novasti ?	Что нового ? Какие новости ?
article	stat'ïa	статья
lecteurs	tchitatili	читатели
publicité	riklama	реклама
faire de la publicité	dielat'/zdielat' riklamou	делать/сделать рекламу
éditeur	izdatil'	издатель
édition	izdatil'stva	издательство
tirage	tirach	тираж

B 17 ENTRAÎNEZ-VOUS

A Que veut dire en français :

1. tilizritili lioubiat intiriesny-ïe piridatchi.
   Телезрители любят интересные передачи.
2. eta prima-ïa piridatcha.
   Это прямая передача.
3. eta otchin' harochiï ijynidiel-nyï journal.
   Это очень хороший еженедельный журнал.

B Choisissez le verbe qui convient :
dielat' делать, smatriet' смотреть, tchitat' читать, slouchat' слушать

1. ... piridatchou.	... передачу.	3. ... radio.	... радио.
2. ... riklamou.	... рекламу.	4. ... journal.	... журнал.

SOLUTIONS

A
1. *Les téléspectateurs aiment les émissions intéressantes.*
2. *C'est une émission en direct.*
3. *C'est un très bon hebdomadaire.*

B

1. smatriet' piridatchou.	Смотреть передачу.
2. dielat' riklamou.	Делать рекламу.
3. slouchat' radio.	Слушать радио.
4. tchitat' journal.	Читать журнал.

Les livres et la presse

L'Union Soviétique a certainement été le pays où on lisait le plus au monde. Intellectuels comme ouvriers, tout le monde lisait dans les lieux les plus divers. Les grandes œuvres paraissaient sous forme d'épisodes dans des magazines littéraires tels que *Novyi Mir*. *La Gazette Littéraire* avait également beaucoup de succès : on y publiait de la poésie ainsi que d'excellents articles sur des thèmes d'actualité donnant un éclairage sur la vie culturelle. Les organes de presse officiels étaient *La Pravda*, *Les Izvestia*.

Aujourd'hui en Russie, on publie de plus en plus de littérature légère à bon marché. Le roman policier a fait son entrée en force. La pionnière du genre a été **Alexandra Marinina.** Ensuite, d'autres lui ont emboîté le pas comme **B. Akounine** qui a su se distinguer par son originalité.

Dans le domaine des quotidiens et périodiques, un certain nombre de magazines et de journaux à caractère commercial ont fait leur apparition, publiant des articles sur des thèmes vendeurs : faits divers, vie de stars... On trouve toujours aujourd'hui des journaux à orientation communiste : *Zavtra*, *La Pravda*.

B18 Le travail
rabota работа

travailler	rabotat'	работать
salaire	zarplata	зарплата
il a perdu son emploi	on patirial rabotou	он потерял работу
il est sans emploi	on sitchas biz raboty	он сейчас без работы
il/elle est au chômage	on/ana bizrabotnyï(a-ïa)	он/она безработный(ая)
il/elle a été mis(e) à la porte	ïivo/ïi-ïo vygnali s raboty	его/её выгнали с работы
licencier	ouval'niat'/ouvolit' s raboty	увольнять/уволить с работы
gagner	zarabatyvat'/zarabotat'	зарабатывать/заработать
de l'argent	diengi	деньги
sa vie	na jyzn'	на жизнь
payer	platit'/zaplatit'	платить/заплатить
impôts	nalogi	налоги
assurance	strahavani-ïe	страхование
Quelle est votre profession	kto vy pa prafiesi-i ?	кто вы по профессии ?
magasin	magazin	магазин
usine	zavot	завод
bureau	kantora (biouro)	контора (бюро)
entreprise	firma (pritpri-ïati-ïe)	фирма (предприятие)
agence	agenstva	агенство
coopérative	ka-apiratif	кооператив
organisation	arganizatsi-ïa	организация
banque	bank	банк
vendeur	pradaviets	продавец
employé	sloujachtchiï	служащий
ouvrier	rabotchiï	рабочий
chercheur	outchionyï	учёный
homme d'affaires	biznismen	бизнесмен
chef	natchal'nik	начальник
cadre supérieur	roukavadiachtchiï rabotnik	руководящий работник
directeur	diriektar	директор
stagiaire	praktikant (stajor)	практикант (стажёр)
informatique	infarmatika	информатика
ordinateur	kamp'ïoutyr	компьютер

B 18 ENTRAÎNEZ-VOUS

A Que veut dire en français :

1. on zarabatyva-it mala dienik.	Он зарабатывает мало денег.
2. ou nivo malin'ka-ïa zarplata.	У него маленькая зарплата.
3. on ni mojyt zarabotat' na jyzn'.	Он не может заработать на жизнь.

B Comment dire en russe :

1. *Pourquoi le chef veut-il vous mettre à la porte ?*
2. *Il est difficile de travailler dans cette usine.*
3. *Depuis combien de temps êtes-vous au chômage ?*
4. *Où travaillez-vous ?*

SOLUTIONS

A
1. *Il ne gagne pas beaucoup d'argent.*
2. *Il a un petit salaire.*
3. *Il n'est pas capable de gagner sa vie.*

B

1. patchimou natchal'nik hotchit ouvolit' vas s raboty ?	Почему начальник хочет уволить вас с работы ?
2. na etam zavodi troudna rabotat'.	На этом заводе трудно работать.
3. skol'ka vriemini vy biz raboty ?	Сколько времени вы без работы ?
4. gdie vy rabota-iti ?	Где вы работаете ?

Principales opérations

additionner	[pribavliat']	прибавлять	[pribavit']	прибавить
soustraire	[vytchitat']	вычитать	[vytchist']	вычесть
diviser	[dilit']	делить	[padilit']	поделить
multiplier	[oumnajat']	умножать	[oumnojyt']	умножить

addition	[pribavlieni-ïe]	прибавление
exemple : 5 + 5 = 10	[piat' plious piat' diesit']	пять плюс пять десять
soustraction	[vytchitani-ïe]	вычитание
exemple : 5 – 5 = 0	[piat' minous piat' nol']	пять минус пять ноль
multiplication	[oumnajeni-ïe]	умножение
exemple : 5 x 5 = 25	[piat' oumnojyt' na piat' dvatsat' piat'] пять умножить на пять двадцать пять	
division	[dilieni-ïe]	деление
exemple : 5 : 5 = 1	[piat' razdilit' na piat' adin] пять разделить на пять один	
et / plus	[plious]	плюс
moins	[minous]	минус
que multiplie	[oumnojyt' na]	умножить на
divisé par	[razdilit' na]	разделить на

B 19 Le téléphone
tilifon телефон

Puis-je téléphoner ?	mojno pazvanit' ?	Можно позвонить ?
Quel est votre numéro de téléphone	kakoï ou vas nomir tilifona ?	Какой у вас номер телефона ?
Mon numéro est...	moï nomir…	Мой номер…
Le téléphone sonne.	tilifon zvanit.	Телефон звонит.
Quand puis-je vous appeler ?	kagda ïa magou vam pazvanit' ?	Когда я могу вам позвонить ?
Où est l'annuaire ?	gdie tilifonnyï spravatchnik ?	Где телефонный справочник ?
Allô ! Ici Ivan Petrov.	alio ! eta ivan pitrof.	Алло ! Это Иван Петров.
Qui demandez-vous ?	kavo vy hatiti ?	Кого вы хотите ?
Qui est à l'appareil ?	kto gavarit ?	Кто говорит ?
C'est de la part de qui ?	kto zvanit ?	Кто звонит ?
Passez-moi M. Petrov Mme Petrov	ïa hatiel by pagavarit' s gaspadinom pitrovym/ s gaspajoï pitrovaï.	Я хотел бы поговорить с господином Петровым/ с госпожой Петровой.
Je vous le passe.	pirida-ïou ïimou troupkou.	Передаю ему трубку.
Vous vous êtes trompé de numéro.	vy achiblis' nomiram.	Вы ошиблись номером.
Ne quittez pas.	ni kladiti troupkou.	Не кладите трубку.
Pouvez-vous rappeler plus tard ?	vy mojyti pazvanit' papoj-jy ?	Вы можете позвонить попозже ?
La ligne est occupée.	lini-ïa zanita.	Линия занята.
raccrocher	palajyt' troupkou	положить трубку.
cabine téléphonique	tilifon-aftamat	телефон-автомат
Où puis-je faire de la monnaie ?	gdie ïa magou razminiat' dien'gi ?	Где я могу разменять деньги ?
annuler un rendez-vous	atminit' svidani-ïe (fstrietchou)	отменить свидание (встречу)
répondeur	afta-atvietchik	автоответчик
laisser un message	astavit' sa-apchtcheni-ïe	оставить сообщение
secrétaire	sikritarcha	секретарша

B19 ENTRAÎNEZ-VOUS

A Comment dire en russe :

1. *Pouvez-vous me donner votre numéro ?*
2. *Quand puis-je vous appeler ?*
3. *Qui est à l'appareil ?*
4. *C'est de la part de qui ?*

B Que veut dire en français :

1. gdie ïa ma**gou** razminia**t'** d**ie**ngi ?	Где я м**о**гу разменять деньги ?
2. kak**oï** ou vas n**o**mir tilif**o**na ?	Как**о**й у вас н**о**мер телеф**о**на ?
3. sikrit**a**rcha atmin**i**la fstri**e**tchou.	Секрет**а**рша отмен**и**ла стречу.
4. vy achi**b**lis' n**o**miram.	Вы ош**и**блись н**о**мером.

SOLUTIONS

A 1. vy m**o**jyti mnie dat' vach n**o**mir tilif**o**na ?	Вы м**о**жете мне дать ваш н**о**мер телеф**о**на ?
2. kagd**a** ïa mag**ou** vam pazvan**i**t' ?	Когд**а** я мог**у** вам позвон**и**ть ?
3. kto gavar**i**t ?	Кто говор**и**т ?
4. kto zvan**i**t ?	Кто звон**и**т ?

B
1. *Où puis-je faire de la monnaie ?*
2. *Quel est votre numéro de téléphone ?*
3. *La secrétaire a annulé le rendez-vous.*
4. *Vous vous êtes trompé de numéro.*

La monnaie russe

La monnaie russe est le *rouble* [roubl'] рубль, abrégé en [roup'] руб.
Le rouble est divisé en 100 *kopeks*, abrégés en [kop] коп. :

pièces / monnaie	[mielatch]	мелочь
un kopeck	[odna kapieïka]	одна копейка
(des/les kopecks	[kapieïki]	копейки)
10 kopecks	[grivinnik] (fam.)	гривенник
20 kopecks	[dvougrivinnyï] (fam.)	двугривенный
50 kopecks	[paltinnik] (fam.)	полтинник
billets	[koupioury]	купюры
un billet	[koupioura]	купюра
1 rouble	[adin roubl']	один рубль
(des/les roubles	[roubli]	рубли)
2 roubles	[dva roublia]	два рубля
5 roubles	[piat' roublieï]	пять рублей
10 roubles	[diesit' roublieï]	десять рублей
50 roubles	[piddisiat' roublieï]	пятдесять рублей
100 roubles	[sto roublieï]	сто рублей
1000 roubles	[tysitcha roublieï]	тысяча рублей

B20 La campagne

dirievnia деревня

partir (à pied)	ouhadit'/ouïti	уходить/уйти
partir (autrement qu'à pied)	ou-ïijjat'/ou-ïehat'	уезжать/уехать
week-end	vyhadny-ïe dni	выходные дни
partir en week-end	ou-ïijjat' na vyhadny-ïe dni	уезжать на выходные дни
village	dirievnia	деревня
se reposer	atdyhat'/atdahnout'	отдыхать/отдохнуть
autoroute	aftastrada	автострада
route, chemin	doroga	дорога
feu de bois	kastior	костёр
forêt	lies	лес
arbre	dieriva	дерево
rivière	rika	река
lac	ozira	озеро
au bord du lac	na birigou ozira	на берегу озера
champs	palia	поля
prés	louga	луга
animaux	jyvotny-ïe	животные
poule/poulet	kouritsa (pl. koury)	курица (pl. куры)
coq	pitouh	петух
canard	outka	утка
vache	karova	корова
cochon	svini'ïa	свинья
cheval	lochat'	лошадь (f.)
chien	sabaka	собака
chat	kochka	кошка
ferme	fierma	ферма
pêcher	rybatchit'/parybatchit'	рыбачить/порыбачить
chasser	ahotitsa	охотиться (I.)
faire une promenade	gouliat'/pagouliat'	гулять/погулять
monter à cheval	iezdit' na lochadi	ездить на лошади
se faire bronzer	zagarat'/zagariet'	загорать/загореть
se baigner	koupatsa/iskoupatsa	купаться/искупаться
l'air pur	tchistyï vozdouh	чистый воздух
blé	pchynitsa	пшеница
seigle	roch	рожь (f.)
coton	hlopak	хлопок
exploitation personnelle d'appoint (lopin)	pri-ousadibnyï outchastak	приусадебный участок
récolte	ourajaï	урожай
maison	dom	дом
maison de campagne	datcha	дача

B20 ENTRAÎNEZ-VOUS

A Que veut dire en français :

1. ïa lioubl**iou** ou-ïijj**at**' v dir**ie**vniou na vyhadn**y**-ïe. — Я любл**ю** уезж**а**ть в дер**е**вню на выходн**ы**е.
2. ou tib**ia** ïest' d**a**tcha ? — У теб**я** есть д**а**ча ?
3. v **e**taï dir**ie**vni ïest' rik**a** ? — В **э**той дер**е**вне есть рек**а** ?

B Comment dire en russe :

1. *Est-ce qu'on peut monter à cheval ?*
2. *Aimes-tu te baigner dans la rivière ?*
3. *Allons nous baigner !*
4. *Avez-vous des poules et des canards ?*

SOLUTIONS

A
1. *J'aime aller à la campagne le week-end.*
2. *As-tu une maison de campagne ?*
3. *Y a-t-il une rivière dans ce village ?*

B
1. zdies' m**o**jno **e**zdit' na l**o**chadi ? — Здесь м**о**жно **е**здить на л**о**шади ?
2. ty li**ou**bich koup**a**tsa v riki**e** ? — Ты л**ю**бишь куп**а**ться в рек**е** ?
3. païdi**o**m koup**a**tsa ! — Пойдём куп**а**ться !
4. ou vas ïest' k**ou**ry i **ou**tki ? — У вас есть к**у**ры и **у**тки ?

Les datchas

• Plus de 30 % des familles possèdent de petits lopins de terre de 4 à 10 ares. Sur le lopin on trouve habituellement une petite maison, une serre et un abri de jardin On y cultive des arbustes fruitiers (surtout framboisiers, groseilliers rouges et blancs, groseilliers à maquereau, églantiers), des légumes (surtout chou, pomme de terre, concombres, tomates, carottes, oignons, betteraves rouges, courgettes) et des fruits en fonction du climat de la région. Les Russes travaillent sur leurs lopins pendant les week-ends et les congés ; les retraités pendant tout l'été. Pour beaucoup, c'est le moyen de se fournir en légumes pendant tout l'hiver.

• Certains « nouveaux Russes », plus fortunés et voulant effectuer un retour à la nature, se font construire des « cottages » en dehors de la ville où ils vivent de manière permanente.

Le plus souvent, les datchas se situent en bordure d'une rivière ou d'un étang ou d'un lac, non loin d'une forêt ou d'un bois. Pendant leur temps libre, les possesseurs de datchas aiment aller à la cueillette de champignons et de baies sauvages.

• On trouve de merveilleux endroits pour les datchas dans les environs de Moscou et autours de nombreuses autres villes. Si vous êtes invité à la datcha, ne refusez pas : la nature russe vous touchera immanquablement par sa sévère beauté et les Russes, vous y feront un accueil inoubliable.

Annexes

SOMMAIRE

1 Prononciation

Explications phonétiques et exemples

VOYELLES

		dures			*mouillées*
а	[a]	comme dans « pas », « bas »	**я**	[ïa]	comme dans « Banania »
о	[o]	comme dans « rose » (sous l'accent tonique)	**ё**	[ïo]	comme dans « idiot »
у	[ou]	comme dans « poule »	**ю**	[ïou]	comme dans « Yougoslave »
ы	[y]	ce son (« i » dur) n'existe pas en français. C'est un « i » sourd, émis du fond de la gorge. Ы [Y] se prononce un peu comme « oui », dit distraitement, sans appuyer.	**и**	[i]	comme dans « pile »
э	[è]	comme dans « jette », « être »	**е**	[ïe]	comme dans « scier »

CONSONNES

		dures	*mouillées*
б	[b]	comme dans « bouteille »	comme dans « bière »
в	[v]	comme dans « va »	comme dans « Vienne »
г	[g]	comme dans « gâteau »	comme dans « gui »
д	[d]	comme dans « désir »	comme dans « Diane »
ж	[j]	comme dans « jeu » (toujours dure)	
з	[z]	comme dans « zèbre »	comme dans « asiatique »
й	[ille]		comme dans « paille » (toujours mouillé)
к	[k]	comme dans « képi », « cas »	comme dans « kiosque »
л	[l]	« l » dur (très semblable au « l » dur anglais de « well »), prononcé en arrière du palais.	comme dans « lierre »
м	[m]	comme dans « mal »	comme dans « miel »
н	[n]	comme dans « nappe »	comme dans « nier »
п	[p]	comme dans « pas », « père »	comme dans « pion »
р	[r]	le « r » russe est un « r » roulé ou vibrant, tel qu'on le prononce encore dans certaines provinces françaises.	
с	[s]	comme dans « soleil »	comme dans « sienne »
т	[t]	comme dans « tort »	comme dans « tient »
ф	[f]	comme dans « foire »	comme dans « fiole »

х [h] un son apparenté au « ch » allemand de « Buch » ou à la « jota » espagnole ; son guttural qui n'existe pas en français. Se prononce comme le « k » français sauf que la langue ne vient pas toucher le palais.

ц [ts] comme dans « tsar » ou « tsé-tsé » (toujours dure)

ч [tch] comme dans « Tchékhov » (toujours mouillée)

ш [ch] comme dans « chou » (toujours dure)

щ [chtch] on peut dire que c'est le Ш [ch] mouillé, un peu comme dans « chien »

➨ ATTENTION :

Le russe possède un accent tonique qui est mobile. Essayez de respecter l'accent, sinon vous risquez de ne pas être compris.

SIGNE DUR (Ъ) ET SIGNE MOU (Ь)

- Les signes dur et mou ne sont pas des lettres véritables. Le signe mou ne s'utilise que pour indiquer que la consonne qui le précède est molle et doit se prononcer comme telle.

  Ex. : соль [sol'] sel ; м**а**льчик [m**a**l'tchik] garçon
- Le signe dur indique que la consonne qui le précède est dure. Il est peu usité.

REMARQUES

1. En russe, il faut prononcer toutes les consonnes, même à la fin des mots (il n'y a pas de voyelles nasales) :

   Ex. : там [tam] là-bas
2. Il faut prononcer les doubles consonnes comme deux consonnes :

   Ex. : **А**нна [**a**n-na] Anne
3. Les consonnes sonores à la fin des mots se prononcent comme des consonnes sourdes :

Б	[b]	comme	П	[p] :	клуб	[kloup]	*club*
В	[v]	comme	Ф	[f] :	лев	[lief]	*lion*
Г	[g]	comme	К	[k] :	дог	[dok]	*dogue*
Д	[d]	comme	Т	[t] :	дед	[diet]	*grand-père*
З	[z]	comme	С	[s] :	раз	[ras]	*fois*
Ж	[j]	comme	Ш	[ch] :	гар**а**ж	[gar**a**ch]	*garage*

4. La lettre О se prononce presque comme А dans toutes les syllabes non-accentuées, et comme О dans les syllabes accentuées :

   Ex. : хорош**о** [harach**o**] bien

   дом [dom] maison
5. Les lettres Е [ïe] et Я [ïa] se prononcent presque comme И [i] dans pratiquement toutes les syllabes inaccentuées :

   Ex. : телеф**о**н [tilif**o**n] téléphone

   мяч**и** [mitch**i**] les ballons

2 Les nombres

1	*un*	adin	один
2	*deux*	dva	два
3	*trois*	tri	три
4	*quatre*	tchityri	четыре
5	*cinq*	piat'	пять
6	*six*	chest'	шесть
7	*sept*	siem'	семь
8	*huit*	vosim'	восемь
9	*neuf*	dievit'	девять
10	*dix*	diesit'	десять
11	*onze*	adinatsat'	одиннадцать
12	*douze*	dvinatsat'	двенадцать
13	*treize*	trinatsat'	тринадцать
14	*quatorze*	tchityrnatsat'	четырнадцать
15	*quinze*	pitnatsat'	пятнадцать
16	*seize*	chystnatsat'	шестнадцать
17	*dix-sept*	simnatsat'	семнадцать
18	*dix-huit*	vasimnatsat'	восемнадцать
19	*dix-neuf*	divitnatsat'	девятнадцать
20	*vingt*	dvatsat'	двадцать
21	*vingt et un*	dvatsat' adin	двадцать один
22	*vingt-deux*	dvatsat' dva	двадцать два
30	*trente*	tritsat'	тридцать
40	*quarante*	sorak	сорок
50	*cinquante*	pid'disiat	пятьдесят
60	*soixante*	chyzdisiat	шестьдесят
70	*soixante-dix*	siem'disit	семьдесят
80	*quatre-vingt*	vosim'disit	восемьдесят
90	*quatre-vingt-dix*	divinosta	девяносто
100	*cent*	sto	сто
200	*deux cents*	dviesti	двести
300	*trois cents*	trista	триста
400	*quatre cents*	tchityrista	четыреста
500	*cinq cents*	pitsot	пятьсот
600	*six cents*	chyssot	шестьсот
700	*sept cents*	simsot	семьсот
800	*huit cents*	vasimsot	восемьсот
900	*neuf cents*	divitsot	девятьсот
1000	*mille*	tysitcha	тысяча
10000	*dix mille*	diesit' tysitch	десять тысяч

3 Mois, jours

■ Les mois de l'année	miesitsy	месяцы
janvier/en janvier	ïinvar'/v ïinvarie	январь/в январе
février/en février	fivral'/f fivralie	февраль/в феврале
mars/en mars	mart/v marti	март/в марте
avril/en avril	apriel'/v aprieli	апрель/в апреле
mai/en mai	maï/v ma-i	май/в мае
juin/en juin	i-ïoun'/v i-ïouni	июнь/в июне
juillet/en juillet	i-ïoul'/v i-ïouli	июль/в июле
août/en août	avgoust/v avgousti	август/в августе
septembre/en septembre	sintiabr'/f sintibrie	сентябрь/в сентябре
octobre/en octobre	aktiabr'/v aktibrie	октябрь/в октябре
novembre/en novembre	na-ïabr'/v na-ïbrie	ноябрь/в ноябре
décembre/en décembre	dikabr'/v dikabrie	декабрь/в декабре

N.B. Tous les mois de l'année sont du masculin.

■ Les jours de la semaine	dni nidieli	дни недели
lundi	panidiel'nik	понедельник
mardi	ftornik	вторник
mercredi	srida	среда
jeudi	tchitvierk	четверг
vendredi	piatnitsa	пятница
samedi	soubota	суббота
dimanche	vaskrisien'ïe	воскресенье

4 Les verbes

1. Avertissement général :

La conjugaison russe n'a que trois temps : présent, passé et futur. Elle a deux aspects : le perfectif et l'imperfectif. Le perfectif désigne une action comme un tout mené à sa fin, ou bien indique un résultat, c'est-à-dire une action achevée, à durée limitée, ou encore une action unique. L'imperfectif désigne une action inachevée, en train de se faire.

De ce fait, on doit étudier les verbes russes par « paires » : en règle générale, à chaque verbe français correspondent deux verbes russes.

2. Couples aspectuels de quelques verbes usuels :

	Imperfectif		Perfectif	
faire	dielat'	делать	zdielat'	сделать
savoir (connaître)	znat'	знать	ouznat'	узнать
écrire	pisat'	писать	napisat'	написать
lire	tchitat'	читать	pratchitat'	прочитать
lancer	brasat'	бросать	brosit'	бросить
donner	davat'	давать	dat'	дать
crier	kritchat'	кричать	kriknout'	крикнуть
prendre	brat'	брать	vziat'	взять
dire (parler)	gavarit'	говорить	skazat'	сказать
mettre	klast'	класть	palajyt'	положить

Les verbes imperfectifs ont trois temps : présent, passé et futur composé, tandis que les perfectifs ont deux temps : passé et futur simple. Ainsi, lorsque l'on conjugue un imperfectif, on obtient un présent et lorsque l'on conjugue un perfectif, on obtient un futur simple.

ASPECT	**PRÉSENT**	**PASSÉ**	**FUTUR**
Imperfectif	+	+	+ (composé)
Perfectif	–	+	+ (simple)

TEMPS	**ASPECTS**	
	PERFECTIF	IMPERFECTIF
PASSÉ	ïa zdielal я сделал *j'ai fait, je fis*	ïa dielal я делал *je faisais*
PRÉSENT		ïa diela-ïou я делаю *je fais*
FUTUR	ïa zdiela-ïou я сделаю *je ferai* ou bien *je vais faire* (selon le contexte)	ïa boudou dielat' я буду делать *je vais faire* ou bien *je ferai* (selon le contexte)

Les verbes russes, perfectifs ou imperfectifs, se partagent en quelques grands modèles et beaucoup d'exceptions ! Pour conjuguer correctement un verbe russe, il faut toujours connaître, en plus de l'infinitif, les 1re et 2e personnes du présent et la 3e personne du pluriel.

➡ Pour une étude systématique des verbes, vous pouvez vous reporter à ***PARLEZ RUSSE EN 40 LECONS***.

3. Conjugaisons :

• Les verbes en [–ïou/–ïech] –Ю/–ЕШЬ

Ex. : [tchitat'] читать (imperfectif)

LIRE

PRÉSENT

Singulier	*je lis*	ïa tchita-ïou	я читаю
	tu lis	ty tchita-ïch	ты читаешь
	il/elle lit	on/ana tchita-it	он/она читает
Pluriel	*nous lisons*	my tchita-im	мы читаем
	vous lisez	vy tchita-iti	вы читаете
	ils/elles lisent	ani tchita-ïout	они читают

PASSÉ

Singulier	*je lisais*	ïa	я	tchital/a
	tu lisais	ty	ты	читал/а*
	il/elle lisait	on/ana	он/она	
Pluriel	*nous lisions*	my	мы	tchitali
	vous lisiez	vy	вы	читали
	ils/elles lisaient	ani	они	

FUTUR

Singulier	*je lirai*	ïa boudou	я буду	tchitat'
	tu liras	ty boudich	ты будешь	читать
	il/elle lira	on/ana boudit	он/она будет	
Pluriel	*nous lirons*	my boudim	мы будем	tchitat'
	vous lirez	vy bouditi	вы будете	читать
	ils/elles liront	ani boudout	они будут	

IMPÉRATIF

Singulier *lis !* tchitaï ! читай ! Pluriel *lisez !* tchitaïti ! читайте !

* **Notez bien** : les verbes russes sont très faciles à conjuguer au passé. Au masculin [tchital] читал (au singulier) ; on ajoute –a pour le féminin et –o pour le neutre. Le pluriel est le même pour les trois genres : on ajoute [i] –и à la forme du masculin singulier. (Voir A 7, p. 34).

Autres verbes se conjuguant sur le même modèle :

faire	dielat'	делать
penser	doumat'	думать
prendre le petit déjeuner	zaftrakat'	завтракать
commander (ou réserver)	zakazyvat'	заказывать
savoir, connaître	znat'	знать
apprendre	izoutchat'	изучать
déjeuner	abiedat'	обедать
répondre	atvitchat'	отвечать
se reposer	atdyhat'	отдыхать
répéter	paftariat'	повторять

comprendre	panimat'	понимать
visiter	posichtchat'	посещать
préférer	pritpatchitat'	предпочитать
travailler	rabotat'	работать
écouter	slouchat'	слушать
respecter	ouvajat'	уважать
dîner	oujynat'	ужинать
savoir + inf. (savoir faire qqch.)	oumiet'	уметь

• **Les verbes en [–ïou/–ich] –Ю/–ИШЬ**

Ex. : [gavarit'] говорить (imperfectif)

PARLER

PRÉSENT

Singulier	*je parle*	ïa gavarïou	я говорю
	tu parles	ty gavarich	ты говоришь
	il/elle parle	on/ana gavarit	он/она говорит
Pluriel	*nous parlons*	my gavarim	мы говорим
	vous parlez	vy gavariti	вы говорите
	ils/elles parlent	ani gavariat	они говорят

PASSÉ

Singulier	*je parlais*	ïa	я	gavaril/a говорил/а
	tu parlais	ty	ты	
	il/elle parlait	on/ana	он/она	
Pluriel	*nous parlions*	my	мы	gavarili говорили
	vous parliez	vy	вы	
	ils/elles parlaient	ani	они	

FUTUR

Singulier	*je parlerai*	ïa boudou	я буду	gavarit' говорить
	tu parleras	ty boudich	ты будешь	
	il/elle parlera	on/ana boudit	он/она будет	
Pluriel	*nous parlerons*	my boudim	мы будем	gavarit' говорить
	vous parlerez	vy bouditi	вы будете	
	ils/elles parleront	ani boudout	они будут	

IMPÉRATIF

Singulier	*parle !*	gavari !	говори !
Pluriel	*parlez !*	gavariti !	говорите !

Autres verbes se conjuguant sur le même modèle :

cuire (à l'eau)	varit'	варить
offrir	darit'	дарить
sonner, téléphoner	zvanit'	звонить
fumer	kourit'	курить

4. Quelques verbes irréguliers importants

• **ÊTRE** [byt'] быть

PRÉSENT : ne s'emploie pas.

PASSÉ

Singulier	*j'étais/je fus*	ïa	я	byl/byla/byla был/была/было
	tu étais	ty	ты	
	il/elle était	on/ana/ano	он/она/оно	
Pluriel	*nous étions*	my	мы	byli были
	vous étiez	vy	вы	
	ils/elles étaient	ani	они	

FUTUR

Singulier	*je serai*	ïa boudou	я буду
	tu seras	ty boudich	ты будешь
	il/elle sera	on/ana boudit	он/она будет
Pluriel	*nous serons*	my boudim	мы будем
	vous serez	vy bouditi	вы будете
	ils/elles seront	ani boudout	они будут

IMPÉRATIF

Singulier	*sois !*	bout' !	будь !
Pluriel	*soyez !*	bout'ti !	будьте !

• **MANGER** [ïest'] есть (imperfectif)

PRÉSENT

Singulier	*je manges*	ïa ïem	я ем
	tu manges	ty ïech	ты ешь
	il/elle mange	on/ana ïest	он/она ест
Pluriel	*nous mangeons*	my ïidim	мы едим
	vous mangez	vy ïiditi	вы едите
	ils/elles mangent	ani ïidiat	они едят

PASSÉ

Singulier	*je mangeais*	ïa	я	ïel/a ел/а
	tu mangeais	ty	ты	
	il/elle mangeait	on/ana	он/она	
Pluriel	*nous mangions*	my	мы	ïeli ели
	vous mangiez	vy	вы	
	ils/elles mangeaient	ani	они	

FUTUR

Singulier	*je mangerai*	ïa boudou	я буду	ïest' есть
	tu mangeras	ty boudich	ты будешь	
	il/elle mangera	on/ana boudit	он/она будет	
Pluriel	*nous mangerons*	my boudim	мы будем	ïest' есть
	vous mangerez	vy bouditi	вы будете	
	ils/elles mangeront	ani boudout	они будут	

IMPÉRATIF

Singulier	*mange !*	ïech !	ешь !
Pluriel	*mangez !*	ïechti !	ешьте !

- **VOULOIR** [hatiet'] хотеть (imperfectif)

PRÉSENT

Singulier	*je veux*	ïa hatchou	я хочу
	tu veux	ty hotchich	ты хочешь
	il/elle veut	on/ana hotchit	он/она хочет
Pluriel	*nous voulons*	my hatim	мы хотим
	vous voulez	vy hatiti	вы хотите
	ils/elles veulent	ani hatiat	они хотят

PASSÉ

Singulier	*je voulais*	ïa	я	hatiel/a хотел/а
	tu voulais	ty	ты	
	il/elle voulait	on/ana	он/она	
Pluriel	*nous voulions*	my	мы	hatieli хотели
	vous vouliez	vy	вы	
	ils/elles voulaient	ani	они	

IMPÉRATIF : n'existe pas.

- **DONNER** [davat'] давать (imperfectif)

PRÉSENT

Singulier	*je donne*	ïa da-ïou	я даю
	tu donnes	ty da-ïoch	ты даёшь
	il/elle donne	on/ana da-ïot	он/она даёт
Pluriel	*nous donnons*	my da-ïom	мы даём
	vous donnez	vy da-ïoti	вы даёте
	ils/elles donnent	ani da-ïout	они дают

PASSÉ

Singulier	*je donnais*	ïa	я	daval/a давал/а
	tu donnais	ty	ты	
	il/elle donnait	on/ana	он/она	
Pluriel	*nous donnions*	my	мы	davali давали
	vous donniez	vy	вы	
	ils/elles donnaient	ani	они	

FUTUR

Singulier	*je donnerai*	ïa boudou	я буду	davat' давать
	tu donneras	ty boudich	ты будешь	
	il/elle donnera	on/ana boudit	он/она будет	
Pluriel	*nous donnerons*	my boudim	мы будем	davat' давать
	vous donnerez	vy bouditi	вы будете	
	ils/elles donneront	ani boudout	они будут	

IMPÉRATIF

Singulier	*donne !*	dav**a**ï !	дав**а**й !
Pluriel	*donnez !*	dav**a**ïti !	дав**а**йте !

• POUVOIR [motch] мочь (imperfectif)

PRÉSENT

Singulier	*je peux*	ïa mag**ou**	я мог**у**
	tu peux	ty m**o**jych	ты м**о**жешь
	il/elle peut	on/an**a** m**o**jyt	он/он**а** м**о**жет
Pluriel	*nous pouvons*	my m**o**jym	мы м**о**жем
	vous pouvez	vy m**o**jyti	вы м**о**жете
	ils/elles peuvent	an**i** m**o**gout	он**и** м**о**гут

PASSÉ

Singulier	*je pouvais*	ïa	я	mok/magl**a** мог/могл**a**
	tu pouvais	ty	ты	
	il/elle pouvait	on/an**a**	он/он**а**	
Pluriel	*nous pouvions*	my	мы	magl**i** могл**и**
	vous pouviez	vy	вы	
	ils/elles pouvaient	an**i**	он**и**	

FUTUR (perfectif)

Singulier	*je pourrai*	ïa smag**ou**	я смог**у**
	tu pourras	ty sm**o**jych	ты см**о**жешь
	il/elle pourra	on/an**a** sm**o**jyt	он/он**а** см**о**жет
Pluriel	*nous pourrons*	my sm**o**jym	мы см**о**жем
	vous pourrez	vy sm**o**jyti	вы см**о**жете
	ils/elles pourront	an**i** sm**o**gout	он**и** см**о**гут

• ALLER À PIED [it'**ti**] идт**и** (imperfectif)

PRÉSENT

Singulier	*je vais*	ïa id**ou**	я ид**у**
	tu vas	ty idi**o**ch	ты ид**ё**шь
	il/elle va	on/an**a** idi**o**t	он/он**а** ид**ё**т
Pluriel	*nous allons*	my idi**o**m	мы ид**ё**м
	vous allez	vy idi**o**ti	вы ид**ё**те
	ils/elles vont	an**i** id**ou**t	он**и** ид**у**т

PASSÉ

Singulier	*j'allais*	ïa	я	chol/chl**a** шёл/шл**а**
	tu allais	ty	ты	
	il/elle allait	on/an**a**	он/он**а**	
Pluriel	*nous allions*	my	мы	chl**i** шл**и**
	vous alliez	vy	вы	
	ils/elles allaient	an**i**	он**и**	

FUTUR

Singulier	*j'irai*	ïa b**ou**dou	я буду	it'ti идти
	tu iras	ty b**ou**dich	ты будешь	
	il/elle ira	on/an**a** b**ou**dit	он/она будет	
Pluriel	*nous irons*	my b**ou**dim	мы будем	it'ti идти
	vous irez	vy b**ou**diti	вы будете	
	ils/elles iront	ani b**ou**dout	они будут	

IMPÉRATIF

Singulier	*va !*	idi !	иди !
Pluriel	*allez !*	iditi !	идите !

5 Les noms

1. Avertissement général :

Le russe est une langue à déclinaisons, c'est-à-dire que les noms ont des formes différentes (des cas) qui dépendent de leur fonction dans la phrase.

Il y a six cas en russe :

- Le nominatif : cas du sujet (qui est-ce qui ? ou qu'est-ce que ?).
- L'accusatif : cas du complément d'objet direct (C.O.D.) (qui, quoi ?), après les verbes de mouvement avec préposition (ou ?).
- Le génitif : cas de provenance, complément de nom, après négation (de qui, de quoi ?).
- Le prépositionnel ou locatif : toujours précédé d'une préposition (où sans mouvement) (au sujet de qui ou de quoi ?).
- Le datif : complément indirect ou complément d'attribution (à qui, à quoi, pour qui ?).
- L'instrumental : complément de certains verbes, cas exprimant le moyen ou l'instrument (par qui, par quoi ?).

Il existe de nombreux types différents de déclinaisons, ainsi qu'une multitude d'exceptions. les différences proviennent de la nature des objets (animés/inanimés), du genre des noms (le russe a trois genres : féminin, masculin, neutre), de la nature de la dernière lettre du radical (voyelles/consonnes), de différents types phonétiques, etc.

Pour l'étude systématique des déclinaisons, il faut se reporter à une véritable grammaire du russe.

Nous vous présentons ci-dessous un aperçu des principales déclinaisons russes.

2. Déclinaison des noms masculins inanimés

		Singulier			Pluriel
N.	stol	стол	*table*	staly	столы
A.	stol	стол		staly	столы
G.	stala	стола		stalof	столов
L.	stalie	столе		stalah	столах
D.	stalou	столу		stalam	столам
I.	stalom	столом		stalami	столами

Notez bien : pour les noms masculins inanimés au singulier et au pluriel, l'accusatif et le nominatif sont semblables.

3. Déclinaison des noms masculins animés

		Singulier			Pluriel
N.	frantsous	Француз	*un Français*	frantsouzy	Французы
A.	frantsouza	Француза		frantsouzaf	Французов
G.	frantsouza	Француза		frantsouzaf	Французов
L.	frantsouzi	Французе		frantsouzah	Французах
D.	frantsouzou	Французу		frantsouzam	Французам
I.	frantsouzam	Французам		frantsouzami	Французами

Notez bien : pour les noms masculins animés, au singulier et au pluriel, l'accusatif et le génitif sont semblables.

- **Déclinaison des masculins inanimés en signe mou**

		Singulier			Pluriel
N.	slavar'	словарь	*dictionnaire*	slavari	словари
A.	slavar'	словарь		slavari	словари
G.	slavaria	словаря		slavarieï	словарей
L.	slavarie	словаре		slavariah	словарях
D.	slavariou	словарю		slavariam	словарям
I.	slavariom	словарём		slavariami	словарями

4. Déclinaison des noms féminins

		Singulier			Pluriel
N.	vada	вода	*eau*	vody	воды
A.	vodou	воду		vody	воды
G.	vady	воды		vot	вод
L.	vadie	воде		vodah	водах
D.	vadie	воде		vodam	водам
I.	vadoï	водой		vodami	водами

Notez bien : pour les noms féminins, au pluriel, l'accusatif et le nominatif sont semblables pour les inanimés, et l'accusatif et le génétif sont semblables pour les animés.

- **Déclinaison des féminins en signe mou**

	Singulier				Pluriel
N.	chal’	шаль	*châle*	chali	шали
A.	chal’	шаль		chali	шали
G.	chali	шали		chalieï	шалей
L.	chali	шали		chaliah	шалях
D.	chali	шали		chaliam	шалям
I.	chal’ïou	шалью		chaliami	шалями

5. Déclinaison des noms neutres

	Singulier				Pluriel
N.	diela	дело	*affaire*	dila	дела
A.	diela	дело		dila	дела
G.	diela	дела		diel	дел
L.	dieli	деле		dilah	делах
D.	dielou	делу		dilam	делам
I.	dielam	делом		dilami	делами

Notez bien : pour les noms neutres, le nominatif et l’accusatif sont toujours semblables (au singulier et au pluriel).

6 Les adjectifs

Déclinaison des adjectifs qualificatifs

Singulier

masculin

	en [–yï] –ый (type dur)			en [–iï] –ий (type mou)		
	krasnyï	красный	*rouge*	siniï	синий	*bleu*
N.	krasnyï	красный		siniï	синий	
A.	inanimés = N./animés = G.			inanimés = N./animés = G.		
G.	krasnava	красного		siniva	синего	
L.	krasnam	красном		sinim	синем	
D.	krasnamou	красному		sinimou	синему	
I.	krasnym	красным		sinim	синим	

neutre

	en [–o-ïe] –oe (type dur)			en [–ïe-ïe] –ee (type mou)		
	krasna-ïe	красное	*rouge*	sini-ïe	синее	*bleu*
N.	krasna-ïe	красное		sini-ïe	синее	
A.	inanimés = N./animés = G.			inanimés = N./animés = G.		
G.	krasnava	красного		siniva	синего	
L.	krasnam	красном		sinim	синем	
D.	krasnamou	красному		sinimou	синему	
I.	krasnym	красным		sinim	синим	

féminin

	en [–a-ïa] –ая (type dur)			en [–ïa-ïa] –яя (type mou)		
	krasna-ïa	красная	*rouge*	sinia-ïa	синяя	*bleue*
N.	krasna-ïa	красная		sinia-ïa	синяя	
A.	krasnou-ïou	красную		siniou-ïou	синюю	
G./L. D./I.	krasnaï	красной		sinii̇̈	синей	

• L'adjectif de type dur peut se terminer également par [oï] –**ой** au masculin. Dans ce cas, la terminaison porte toujours l'accent. Exemple : [bal'ch**oï**] больш**ой** *grand*.

Pluriel

	en [–y-ïe] –ые (type dur)			en [–i-ïe] –ие (type mou)		
	krasny-ïe	красные	*rouges*	sini-ïe	синие	*bleu(e)s*
N.	krasny-ïe	красные		sini-ïe	синие	
A.	inanimés = N./animés = G.			inanimés = N./animés = G.		
G.	krasnyh	красных		sinih	синих	
L.	krasnyh	красных		sinih	синих	
D.	krasnym	красным		sinim	синим	
I.	krasnymi	красными		sinimi	синими	

Remarque : au pluriel des trois genres, l'accusatif est semblable au nominatif pour les inanimés et au génitif pour les animés. Au singulier, cette règle est valable seulement au masculin et au neutre.

7 Les prépositions

1. Prépositions suivies du génitif

[bies]	без = *sans*	vyïti iz doma biz zon'tika выйти из дома без зонтика *sortir de chez soi sans parapluie*
[dlia]	для = *pour*	addat' fsio dlia pabiedy отдать всё для победы *tout donner pour la victoire*
[do]	до = *jusqu'à* = *avant*	at natchala da kantsa от начало до конца *du début à la fin*
		ïa astaïous zdies' da souboty я остаюсь здесь до субботы *je reste ici jusqu'à samedi*
		da piti tchisof до пяти часов *avant cinq heures*

[iz-za] из-за = *à cause de*

iz-za dajdia ïa virnoulsia damoï
из-за дождя я вернулся домой
je suis rentré chez moi à cause de la pluie

[is] из = *de*

pri-ïehat' iz Parija
приехать из Парижа
arriver de Paris

[ot] от = *de*

nidaliko at tsentra
недалеко от центра
non loin du centre

[okala] около = *près de*

moï drouk jyviot okala gastinitsy
мой друг живёт около гостиницы
mon ami habite près de l'hôtel

[fpiridi] впереди = *en avant, devant*

on idiot fpiridi groupy
он идёт впереди группы
il marche devant le groupe

2. Prépositions suivies du datif

[k] к = *vers, chez*

padaïti k aknou
подойти к окну
aller vers la fenêtre

[po] по = *dans, le long de*

it'ti pa oulitsy
идти по улице
marcher dans la rue

plyt' pa rikie, pa moriou
плыть по реке, по морю
naviguer sur le fleuve, sur la mer

3. Prépositions suivies de l'accusatif

[v] в + jours de la semaine

f soubotou my païdiom f kino
в субботу мы пойдём в кино
samedi nous irons au cinéma

[v] в + direction

ïa idou f tsentr
я иду в центр
je vais dans le centre

[na] на + direction

ani idout na kantsert
они идут на концерт
ils vont au concert

[tcheris]	через + lieu	on idiot tchiriz lies он идёт через лес *il marche à travers la forêt*
[tcheris]	через + heure, jour, année...	tcheris tri dnia через три дня *dans trois jours*

4. Prépositions suivies de l'instrumental

[s]	с = *avec*	gouliat' z drougam гулять с другом *se promener avec un ami*
[miejdou]	между = entre	miejdou stalom i divanam между столом и диваном *entre la table et le divan*
[pot]	под = *sous*	sabaka pat stalom собака под столом *le chien est sous la table*
[za]	за = *derrière*	za domam sat за домом сад *il y a un jardin derrière la maison*
[pierit]	перед = *devant*	pierid domam sat перед домом сад *il y a un jardin devant la maison*

5. Prépositions suivies du locatif (prépositionnel)

[v]	в + lieu	outchiniki f klassi ученики в классе *les élèves sont dans la classe*
[na]	на = sur	kniga na stalie книга на столе *le livre est sur la table*
[o]	= au sujet de qui, au sujet de quoi	on douma-it a parijy он думает о Париже *il pense à Paris*

Lexique français-russe

Comment lire ce lexique :

1) les adjectifs sont donnés seulement au masculin et au féminin singulier ;
2) les verbes sont donnés dans l'ordre imperfectif/perfectif (cf. p. 134). Lorsqu'un verbe est donné seul, il est toujours imperfectif (I. pour « imperfectif »), sauf indication contraire (P. pour « perfectif ») ;
3) le genre des mots se terminant par un signe mou (ь) est indiqué entre parenthèses : (f.) pour féminin et (m.) pour masculin ;
4) certains pluriels irréguliers sont donnés lorsqu'ils présentent une difficulté particulière.

N.B. Ce lexique ne contient que les mots utilisés dans les unités A et B, ainsi que quelques autres mots usuels.

à, na/v на/в
accident de la route, aftamabil'na-ïa katastrofa автомобильная катастрофа
accompagner, pravajat'/pravadit' провожать/проводить
accord, dagavor договор
acheter, pakoupat'/koupit' покупать/купить
acteur/actrice, aktior/aktrisa актёр/актриса
addition, chtchot счёт
adresse, adris адрес
aéroport, aeraport аэропорт
âge, vozrast возраст
âgé(e), pajyloï/a-ïa пожилой/ая
agence, agienstva агенство
agent de police, militsy-anier милиционер
aider, pamagat'/pamotch помогать/помочь
aimable, lioubieznyï/a-ïa любезный/ая
aimer, lioubit'/palioubit' любить/полюбить
air pur, tchistyï vozdouh чистый воздух
aller (à pied), it-ti/païti идти/пойти
aller (autrement qu'à pied), ïehat'/pa-ïehat' ехать/поехать
aller à l'étranger, pa-ïehat' za granitsou поехать за границу
aller en vacances, pa-ïehat' v otpousk поехат в отпуск
aller et retour, touda i abratna туда и обратно
allez-y ! davaïti давайте
allongé, couché (être), lijat'/palijat' лежать/полежать
allons-y ! davaïti давайте
allumer, fklioutchat'/fklioutchit' включать/включить
amende, chtraf штраф
ami, drouk друг
amie, padrouga подруга
amis, drouz'ïa друзья
amour, lioubof любовь
amoureux/amoureuse, vlioublion/vlioublina влюблён/влюблена
an/année, got год
anglais (en), pa-angliïski по-английски
animaux, jyvotny-ïe животные
anniversaire, dien' rajdieni-ïa день рождения
annuaire, tilifonnyï spravatchnik телефонный справочник
annuler un rendez-vous, atminit' svidani-ïe отменить свидание
appareil photo, fota-aparat фотоаппарат
appartement, kvartira квартира
appartenir (à), prinadlijat' принадлежать (I.)

appeler, zvanit'/pazvanit' звонить/позвонить
apporter, prinasit'/prinisti приносить/принести
apprendre, izoutchat'/izoutchit' изучать/изучить
après, posli после
arbre, dieriva дерево
arbres, diriev'ïa деревья
argent, dien'gi деньги
argent liquide, nalitchny-ïe (diengi) наличные (деньги)
armoire, chkaf шкаф
arrêt d'autobus, aftobousna-ïa astanofka автобусная остановка
arrêter (s'), astanavlivatsa/astanavitsa останавливаться/останавиться
arriver (à pied), prihadit'/priïti приходить/прийти
arriver (autrement qu'à pied), priïjjat'/pri-ïehat' приезжать/приехать
article (de journal), stat'ïa статья
ascenseur, lift лифт
asseoir (s'), saditsa/siest' садиться/сесть
assez, dastatatchna достаточно
assiette, tarielka тарелка
assis (être), sidiet' сидеть
assurance, strahofka страховка
attacher, priviazyvat'/privizat' привязывать/привязать
attachez vos ceintures, pristig-niti rimni пристигните ремни
attendre, jdat'/padajdat' ждать/подождать
atterrir, prizimliatsa/prizmlitsa приземляться/призелиться
atterrissage, pasatka посадка
auditeur, slouchatil' слушатель
aujourd'hui, sivodnia сегодня
au revoir, da svidani-ïa до свидания
autobus, aftobous автобус
automne, osin' осень
autoroute, aftamagistral' автомагистраль
autre, drougoï другой
avant, ran'chy раньше
avec, s с
avenue, praspiekt проспект
avez-vous... ? ou vas ïest'... ? У вас есть... ?

avion, samaliot самолёт

badminton, badminton бадминтон
bagage(s), bagach багаш
bague, kal'tso кольцо
baigner (se), koupatsa купаться
baignoire, vanna ванна
balle (ballon), miatch мяч
banane, banan ванан
banlieue, prigarat пригород
banque, bank банк
bar, bar бар
bateau, parahot параход
bâtiment, zdani-ïe здание
beau/belle, krasivyï/a-ïa красивый/ая
beaucoup, mnoga много
bébé, malych малыш
beurre, masla масло
bibliothèque, bibliotieka библиотека
bicyclette, vilasipiet велосипед
bien, haracho хорошо
bienvenue, dabro pajalavat' добро пожаловать
bière, piva пиво
bijoux, oukracheni-ïa украшения
billet, biliet билет
blanc, bielyï/a-ïa белый/ая
blé, pchinitsa пшеница
bleu, siniï/ia-ïa синий/яя
boeuf (viande de), gaviadina говядина
boire, pit' пить
boisson, napitak напиток
bon (pour un plat), fkousna вкусно
bonjour, zdrastvouïti здравствуйте
bon marché (c'est), eta diochyva это дёшево
bord de la mer (au), na birigou moria на берегу моря
bottes, sapagi сапоги
bouche, rot рот
boucherie, misnoï magazin мясной магазин
boucles d'oreilles, sier'gi серьги
bouillon, boul'ïon бульон
boulangerie, boulatcha-ïa булочная
boulettes de viande, katliety котлеты
boulevard, boul'var бульвар
bouteille, boutylka бутылка
bouton, pougavitsa пуговица
bracelet, brasliet браслет
bras, rouka рука
briller, svitit' светить

brouillard, touman туман
bureau, kantora контора
bureau de change, abmiennyï pounkt обменный пункт
bureau de renseignements, gor-sprafka гор-справка
bureau de tourisme, intourist Интурист

cabine téléphonique, tilifon-aftamat телефон-автомат
cadre supérieur, roukavadiachtchiï rabotnik руководящий работник
café (boisson), kofi кофе
café (bar), kafe кафе
caisse, kassa касса
caissier, kassir кассир
caissière, kassircha кассирша
caméra, kamira камера
camion, grouzavik грузовик
campagne, dirievnia деревня
canard, outka утка
cancer, rak рак
canot (barque), lotka лодка
car (de toursime), aftobous автобус
carotte, markof' марковь
carrefour, pirikriostak перекрёсток
carte de crédit, kriditna-ïa kartatchka кредитная карточка
carte d'identité, paspart паспорт
carte (au restaurant), miniou меню
casquette, fourachka фуражка
casser, lamat'/slamat' ломать/сломать
casserole, kastrioulia кастрюля
caviar, ikra икра
ceci, cela, ça, eta это
ceinture, po-is пояс
célibataire (femme), ni zamoujym не замужем
célibataire (homme), halastoï холостой
centre, tsentr центр
ce que, to chto то что
cerveau, mosk мозг
ce soir, vietchiram вечером
chaîne, pragrama программа
chaise, stoul стул
châle, chal' шаль
chambre (dans la maison), komnata комната
chambre (à l'hôtel), nomir номер
chambre double, dvouhmiesnyï nomir двухместный номер
chambre simple, adnamiesnyï nomir одноместный номер
champ(s), polie/palia поле/поля
changer de l'argent, miniat'/paminiat' менять/поменять
chanson, piesnia песня
chapeau, chliapa шляпа
chasser, ahotitsa охотиться
chat, kochka кошка
chaud(e), tioplyï/a-ïa тёплый/ая
chaud(e) (très), gariatchiï/a-ïa горячий/ая
chaussettes, naski носки
chaussures, obouf' обувь
chef, natchal'nik начальник
chemin, daroga дорога
chemin de fer, jyliezna-ïa daroga железная дорога
chemise, roubachka рубашка
chemisier, blouska блузка
chèque, tchek чек
cher/chère, daragoï/a-ïa дорогой/ая
chercheur, outchonyï учёный
cheval, lochat' лошадь
cheveux, volasy волосы
chien, sabaka собака
chiffre, tsyfra цифра
chirurgien, hirourk хирург
chocolat, chykalat шоколад
chose, viechtch вешь (f.)
chou, kapousta капуста
ciel, nieba небо
cinéma, kino кино
circulation, dvijeni-ïe движение
classique, klasitchiskiï/a-ïa классический/ая
clé, klioutch ключ
climat, klimat климат
cochon, svin'ïa свинья
coeur, siertsy сердце
coin, ougal угол
coin (au), na ouglou на углу
col, varatnik воротник
colère (être en), sirditsa/rassirditsa сердиться/рассердиться
collants, kalgotki колготки
collectionner, kaliktsy-aniravat' коллекционировать
collier, bousy бусы

combien, skol'ka сколько
combien ça coûte ? skol'ka eta sto-it ? Сколько это стоит ?
commander, zakazyvat'/zakazat' заказывать/заказать
commencer, natchinat'/natchat' начинать/начать
comment, kak как
commode (pratique), oudobnyï/a-ïa удобный/ая
compartiment, koupe купе
complet, miest niet мест нет
comprendre, panimat'/paniat' понимать/понять
compter, chtchitat' считать
concert, kontsert концерт
concombre, agouriets огурец
conducteur, vaditil' водитель
conduire, vadit' водить
content(e), rat/rada рад/рада
contrat, dagavor договор
contravention, chtraf штраф
convaincre, oubijdat'/oubidit' убеждать/убедить
coopérative, ka-apiratif кооператив
coq, pitouh петух
costume, kastioum костюм
coton, hlopak хлопок
couloir, karidor коридор
courrier, potchta почта
court(e), karotkiï/a-ïa короткий/ая
couteau, noch нож
coûter, sto-it' стоить
cravate, galstouk галстук
crème, smitana сметана
croire (penser), doumat'/padoumat' думать/подумать
croisière, krou-is круиз
cuiller, lochka ложка
cuir, koja кожа
cuisine, kouhnia кухня
cuisinière, plita плита
culotte, trousy трусы

dans, v в
danser, tanstyvat' танцевать
davantage, bol'chy больше
debout (être), sta-ïat' стоять
décider, richat'/richit' решать/решить
décollage, vzliot взлёт
défense de fumer, ni kourit' не курить
déjeuner, abiedat' обедать
demain, zaftra завтра
déménager, piri-ïijjat'/piri-ïehat' переезжать/переехать
dent, zoup зуб
dentiste, zoubnoï vratch зубной врач
dernier/dernière, pasliedniï/ia-ïa последний/яя
déshabiller (se), razdivatsa/razdietsa раздеваться/раздеться
dessert, slatka-ïe сладкое
dessiner, risavat' рисовать
deux, dva/dvie два (m.)/ две (f.)
devises, valiouta валюта
devoir, doljyn/daljna/daljny должен/должна/должны
diapositive, slaït слайд
dictionnaire, slavar' словарь
difficile, troudnyï/a-ïa трудный/ая
difficile (c'est), eta troudna это трудно

dimanche, vaskrisien'ïe воскресенье
dîner, oujyn ужин
dire, gavarit'/skazat' говорить/сказать
directeur, diriektar директор
dispensaire, paliklinika поликлиника
divan (canapé), divan диван
divorcé(e), razvidion/razvidina разведён/разведена
dix, diesit' десять
docteur, vratch врач
doigt, palits палец
dollar, dollar доллар
donner, davat'/dat' давать/дать
dormir, spat' спать
douane, tamojnia таможня
douche, douch душ
droite (à), naprava направа
dur(e), tviordyï/a-ïa твёрдый/ая
durer, dlitsa длиться

eau, vada вода
écharpe, charf шарф
échecs, chahmaty шахматы
école, chkola школа
écouter, slouchat'/paslouchat' слушать/послушать
écran, ykran экран
écrire, pisat'/napisat' писать/написать

éditeur, izdatil' издатель
édition, izdatil'stva издательство
élégant(e), yligantnyï/a-ïa элегантный/ая
élève, outchinik ученик
elle, ana она
elles/ils, ani они
embouteillage, propka пробка
embrasser (s'), tsylavatsa/potsylavatsa целоваться/поцеловаться
émission, piridatcha передача
émission en direct, prima-ïa piridatcha прямая передача
employé, sloujachtchiï служащий
emprunter, brat'/vziat' vzaïmy брать/взять взаймы
encore, itchtcho ещё
enfant, ribionak ребёнок
enfants, dieti дети
enlever, snimat'/sniat' снимать/снять
enregistrer, zapisyvat'/zapisat' записывать/записать
entrée (vestibule), prihoja-ïa прихожая
épais, tolstyï/a-ïa толстый/ая
épicerie, gastranom гостроном
épouser (pour une femme), vyhadit' zamouch za… выходить за… (+ accusatif)
épouser (pour un homme), jynitsa na… жениться на… (+ locatif)
équipage, ykipach экипаж
escalier, liesnitsa лестница
escalier mécanique, yskalatar эскалатор
espérer, nadie-itsa надееться
essayer (un vêtement), mierit'/pamierit' мерить/померить
essence, binzin бензин
estomac, jyloudak желудок
esturgeon, asitrina осетрина
éteindre, vykiioutchat'/vykiioutchit' выключать/выключить
été, lieta лето
étonné(e), oudivlion/ydivlina удивлён/удивлена
étranger, inastranits иностранец
étrangère, inastranka иностранка
être, byt' быть
être absent de chez soi, ni byt' doma не быть дома
être allongé, couché, lijat'/palijat' лежать/полежать
être assis, sidiet'/pasidiet' сидеть/посидеть
être chez soi, byt' doma быть дома
être debout, sta-ïat' стоять
être fâché, sirditsa/rassirditsa сердиться/рассердиться
étudier, outchitsa учиться
euro, ïevra евро
évier, rakavina раковина
examen, ygzamin экзамен
excursion, ykskoursi-ïa экскурсия
excuser, izvinit' извинить
exploitation personnelle d'appoint (lopin), pri-ousadibnyï outchastak приусадебный участок

facile (simple), prastoï/a-ïa простой/ая
facile (simple) (c'est), eta prosta это просто
faculté, fakoul'tiet факультет
faim (avoir), hatiet' ïest' хотеть есть
faire, dielat'/zdielat' делать/сделать
faire bronzer (se), zagarat'/zagariet' загорать/загореть
faire de la monnaie, miniat'/razminiat' diengi менять/разменять денги
faire du bateau, katatsa na lotki кататься на лодке
faire du ski, katatsa na lyjah кататься на лыжах
faire du vélo, katatsa na vilasipiedi кататься на велосипеде
faire la cuisine, gatovit'/prigatovit' готовить/приготовить
faire la lessive, stirat'/vystirat' стирать/выстирать
faire la vaisselle, myt' pasoudou мыть посуду
faire le lit, zapravliat'zapravit' pastiel' заправлять/заправить постель
faire le ménage, oubirat'/oubrat' убирать/убрать
faire les courses, dielat' pakoupki делать покупки
famille, sim'ïa семья
fatigué(e), oustal/a устал/а
fauteuil, kriesla кресло
femme (épouse), jyna жена
femme, jenchtchina женщина
fenêtre, akno окно

fer à repasser, outiouk утюк
ferme, fierma ферма
fermer, zakryvat'/zakryt' закрывать/закрыть
fermer à clé, zakryvat' na klioutch закрывать на ключ
feu de bois, kastior костёр
feu (de signalisation), svitafor светофор
fille (de ses parents), dotch дочь
fille (diff. de garçon), dievatchka девочка
film, fil'm фильм
fils, syn сын
finir, kantchat'/kontchit' кончать/кончить
fleurs, tsvity цветы
fonctionner, rabotat' работать
football, foutbol футбол
forêt, lies лес
fort(e), sil'nyï/a-ïa сильный/ая
foulard, platok платок
four, pietch печь
four à micro-ondes, mikravalnava-ïa pietch микроволновая печь
fourchette, vilka вилка
fraîche, svieja-ïa свежая
frais, sviejyï свежий
franc (monnaie), frank франк
Français/Française, frantsous/frantsoujynka Француз/Француженка
France, frantsy-ïa Франция
frère, brat брат
froid (j'ai), mnie holadna мне холодно
fromage, syr сыр
fromage blanc, tvarok творок
frontière, granitsa граница
fruit, froukt фрукт
fumer, kourit' курить

gagner, vy-igryvat'/vy-igrat' выигрывать/выиграть
gagner (de l'argent), zarabatyvat' (dien'gi) зарабатывать (деньги)
gants, pirtchatki перчатки
garçon (diff. de fille), mal'tchik мальчик
garçon (de restaurant), afitsant официант
gare, vagzal вокзал
gâteau (sec), pitchen'ïe печение
gâteau, pirojna-ïe пирожное
gâteau (grand), tort торт
gauche (à), nalieva налево
gens, lioudi люди
gentil(le), milyï/a-ïa милый/ая
glace (miroir), zierkala зеркало
glace (friandise), marojyna-ïe мороженое
gorge, gorla горло
grand magasin, ounivirmak универмаг
grand-mère, babouchka бабушка
grand-père, diedouchka дедушка
grêle, grat град
guérir, vyzdaravlivat'/vyzdaravit' выздоравливать/выздоровить
guide de la conversation, razgavornik разговорник
guitare, gitara гитара

habiller (s'), adivatsa/adietsa одеваться/одеться
habiter, jyt' жить
hareng, siliotka селёдка
heure, tchas час
heureux/heureuse, chtchislivyï/a-ïa счастливый/ая
hier, ftchira вчера
hiver, zima зима
homme, mouchtchina мужчина
homme d'affaires, dilavoï tchilaviek деловой человек, biznysmen бизнесмен
hôpital, bal'nitsa больница
horaire, raspisani-ïe расписание
hors-d'oeuvre, zakouski закуски
hôtel, gastinitsa гостиница
hôtesse de l'air, stiou-ardesa стюардесса

ici, tout/zdies' тут/здесь
il, on он
ils/elles, ani они
il fait beau, harocha-ïa pagoda хорошая погода
il fait bon, tiplo тепло
il fait chaud, jarka жарко
il fait froid, holadna холодно
il fait humide, syra сыро
il fait lourd, douchna душно
il fait mauvais, plaha-ïa pagoda плохая погода
il fait sec, souha сухо

il pleut, docht' idiot дождь идёт
il y a du soleil, solnitchna солнично
il y a du vent, vietrina ветрино
important(e), vajnyï/a-ïa важный/ая
impossible (c'est), eta nivazmojna это невозможно
impôts, nalogi налоги
infarctus, infarkt инфаркт
infirmière, midsistra медсестра
informations (médias), novasti новости
informatique, infarmatika информатика
insigne, znatchok значок
instant, mgnavieni-ïe мгновение
intéressant(e), intiriesnyï/a-ïa интересный/ая
invité, gost' гость

j'ai, ou minia (ïest') у меня (есть)
j'ai chaud, mnie jarka мне жарко
j'ai de la chance, mnie viziot мне везёт
j'ai de la fièvre, ou minia timpiratoura у меня температура
j'ai faim, ïa hatchou ïest' я хочу есть
j'ai froid, mnie holadna мне холодно
j'ai la grippe/un rhume, ou minia grip/nasmark у меня грипп/насморк
j'ai mal, mnie bol'na мне больно
j'ai mal à/aux... ou minia balit/baliat... у меня болит/болят...
j'ai peur, mnie strachna мне страшно
j'ai raison, ïa praf/prava я прав/права
j'ai soif, ïa hatchou pit' я хочу пить
j'ai sommeil, ïa hatchou spat' я хочу спать
j'ai tort, ïa nipraf/niprava я неправ/неправа
j'ai vingt ans, mnie dvatsat' liet мне двадцать лет
j'aime, ïa lioubliou я люблю
jambes, nogi ноги
jambon, vitchina вечина
janvier, ïinvar' январь
jardin, sat сад
jaune, joltyï/a-ïa жёлтый/ая
je, ïa я
je crois (que...), ïa douma-ïou chto... я думаю что...
je dois, ïa doljyn/daljna я должен/должна
je me sens bien/mal, ïa tchoustvou-ïou sibia haracho/ploha я чувствую себя хорошо/плохо
je n'aime pas, ïa ni lioubliou я не люблю
je ne peux pas, ïa ni magou я не могу
je ne sais pas, ïa ni zna-ïou я не знаю
je suis, ïa... я...
je vous en prie, pajalousta пожалуйста
jeu, igra игра
jeune, maladoï/a-ïa молодой/ая
je veux, ïa hatchou я хочу
je voudrais, ïa by hatiel(a) я бы хотел(а)
jouer, igrat' играть
jouer au football, igrat' f foutbol играть в футбол
jouer au tennis, igrat' f tenis играть в теннис
jouer aux cartes, igrat' f karty играть в карты
jouer aux échecs, igrat' f chahmaty играть в шахматы
jouer de la guitare, igrat' na gitari играть на гитаре
jouer de la balalaïka, igrat' na balalaïki играть на балалайке
jouer du piano, igrat' na pianina играть на пианино
jouer, dien' день
journal, gazieta газета
journal télévisé, novasti новости
jupe, ïoupka юбка
jusqu'à, do до

kiosque, kiosk киоск

là-bas, tam там
lac, ozira озера
laine, cherst' шерсть
laisser, astavliat'/astavit' оставлять/оставить
lampe, lampa лампа
langue, ïizyk язык
lavabo, oumyval'nik умывальник
lecteur, tchitatil' читатель

léger/légère, liohkiï/a-ïa лёгкий/ая
légumes, ovachtchi овощи
lent(e), miedlinnyï/a-ïa медленный/ая
lentement, miedlinna медленно
lentilles de contact, kantaktny-ïe linzy контактные линзы
lettre, pis'mo письмо
leur(s), ih их
lever (se), vstavat'/vstat' вставать/встать
libre, svabodnyï/a-ïa свободный/ая
licencier, ouvalniat'/ouvolit' увольнять/уволить
lire, tchitat'/pratchitat' читать/прочитать
lit, kravat' кровать (f.)
livre, kniga книга
loin (c'est), daliko далеко
long(ue), dlinnyï/a-ïa длинный/ая
longtemps, dolga долго
lourd(e), tijolyï/a-ïa тяжёлый/ая
lunettes, atchki очки

machine à laver (le linge), stiral'na-ïa machyna стиральная машина
magasin, magazin магазин
magasin (grand), ournivirmak универмаг
magnétophone, mag-nitafon магнитофон
magnétoscope, vidi-amag-nitafon видеомагнитофон
mai, maï май
main, rouka рука
maintenant, tipier' теперь
maison de campagne, datcha дача
malade, bal'noï/a-ïa больной/ая
maladie, baliezn' болезнь (f.)
maman, mama мама
manche, roukaf рукав
manger, ïest'/pa-ïest' есть/поесть
manteau, pal'to пальто
manteau de fourrure, chouba шуба
marcher, it'ti/païti идти/пойти
mari, mouch муж
mariage (union légale), brak брак
mariage (noces), svad'ba свадьба
marié(e), jynat/zamoujym женат/замужем
marron, karitchnivyï/a-ïa коричневый/ая
mars, mart март
mauvais(e), plahoï/a-ïa плохой/ая
médecin, vratch врач
médicament, likarstva лекарство
mer, mori море
merci, spasiba спасибо
mercredi, srida среда
message, sa-abchtcheni-ïe сообщение
métro, mitro метро
mettre à la porte, vyg-nat' s raboty выгнать с работы
mettre la table, nakryvat' na stol накрывать на стол
meubles, miebil' мебель (f.)
midi, dvinatsat' tchisof dnia двенадцать часов дня
mieux, loutchchy лучше
mince, tonkiï/a-ïa тонкий/ая
minuit, dvinatsat' tchisof notchi двенадцать часов ночи
moins, mien'chy меньше
monnaie (de la), mielatch мелочь (f.)
montagne, gara гора
monter à cheval, katatsa na lochadi кататься на лошади
montre, tchisy часы
mort(e) (il/elle est), on oumir/ana oumirla он умер/она умерла
Moscou, maskva Москва
mot, slova слово
motocyclette, matatsykl мотоцикл
mouchoir, nasavoï platok носовой платок
mourir, oumirat'/oumiriet' умирать/умереть
moutarde, gartchitsa горчица
mouton, baran баран
mouton (viande de), baranina баранина
mur, stina стена
musée, mouzieï музей
musique, mouzyka музыка
musique classique, klasitchiska-ïa mouzyka классическая музыка

nager, plavat' плавать
naître, rajdatsa/raditsa рождаться/родиться
né/née (je suis), ïa radilsia/ïa radilas' я родился/я родилась
neige, sniek снег
neveu, plimianik племянник

nez, nos нос
nièce, plimianitsa племянница
noir(e), tchornyï/a-ïa чёрный/ая
nom de famille, famili-ïa фамилия
nos, nachy наши
note (addition), chtchot счёт
notre, nach/nacha наш/наша
nous, my мы
nouveau/nouvelle, novyï/a-ïa новый/ая
nuage, oblaka облако
nuit, notch ночь (f.)
numéro, nomir номер

œil/yeux, glas/glaza глаз/глаза
œuf/œufs, ïiïtso/ïa-itsa яйцо/яйца
offrir, darit'/padarit' дарить/подарить
oncle, diadia дядя
opération, apiratsy-ïa операция
orage, graza гроза
orange, apil'sin апельсин
ordinateur, kamp'ïoutyr компьютер
ordonnance, ritsept рецепт
oreille(s), ouha/ouchy ухо/уши
organisation, arganizatsy-ïa организация
os, kost' кость (f.)
où (sans mouvement), gdie где
où (avec mouvement), kouda куда
oublier, zabyvat'/zabyt' забывать/забыть
ouvert, atkryt открыт
ouvrier, rabotchiï рабочий
ouvrir, atkryvat'/atkryt' открывать/открыть

pain, hliep хлеб
pantalon, briouki брюки
papa, papa папа
parapluie, zontik зонтик
parc, park парк
parents (père et mère), raditili родители
parents (famille), rotstviniki родственники
Paris, parich Париж
parler, gavarit'/skazat' говорить/сказать
parler allemand, gavarit' pa-nimietski говорить по-немецки
parler anglais, gavarit' pa-angliïski говорить по-английски
parler espagnol, gavarit' pa-ispanski говорить по-испански
parler français, gavarit' pa-frantsouski говорить по-французски
parler russe, gavarit' pa-rouski говорить по-русски
partir (à pied), ouhadit'/ouïti уходить/уйти
partir (autrement qu'à pied), ou-ïijjat'/ou-ïehat' уезжать/уехать
partir en vacances, ou-ïehat' v otpousk уехать в отпуск
pas encore, niet ichtcho нет ещё
passage clouté, pirihot переход
passage souterrain, padziemnyï pirihot подземный переход
passeport, (zagranitchnyï) paspart (заграничный) паспорт
passer (se) (se produire), sloutchatsa/sloutchitsa случаться/случиться
passer (transmettre), piridavat'/piridat' передавать/передать
passer la douane, praïti tamojynnyï dasmotr пройти таможенный досмотр
passer un coup de fil, pazvanit' позвонить (P.)
pâté, pachtiet паштет
pâté (petit), pirajok пирожок
patiner sur glace, katatsa na kan'kah кататься на коньках
patron, natchal'nik начальник
patronyme, ottchistva отчество
payer, platit'/zaplatit' платить/заплатить
pays, strana страна
peau, koja кожа
pêche, piersik персик
pêcher (du poisson), rybatchit' рыбачить
peintre, houdojnik художник
pellicule (photo), plionka плёнка
pendant, va vriemia во время
penser, doumat'/padoumat' думать/подумать
perdre, tiriat'/patiriat' терять/потерять
père, atiets отец
permis (c'est), razrichino разрешено

permis de conduire, vaditil'ski-ïe prava водительские права
personne, tchilaviek человек
petit(e), malin'kiï/a-ïa маленький/ая
petit déjeuner, zaftrak завтрак
petit déjeuner (prendre son), zaftrakat'/pazaftrakat' завтракать/позавтракать
petit-fils, vnouk внук
petite-fille, vnoutchka внучка
petit pâté, pirajok пирожок
peu, malo мало
phrase, frasa фраза
piano, pianina пианино
pièce/chambre, komnata комната
pièce de théâtre, p'ïesa пьеса
pied(s), naga/nogi нога/ноги
piéton, pichyhot пешеход
pilote, liottchik лётчик
piscine, baseïn бассейн
plafond, patalok потолок
plage, pliach пляж
plaire, nravitsa/panravitsa нравиться/понравиться
plancher, pol пол
plat, bliouda блюдо
pluie, docht' дождь
plus, bol'chy больше
plus lentement, miedlinni-ïe медленнее
plus loin, dal'chy дальше
plus longtemps, dol'chy дольше
plus rapide, bystrie-ïe быстрее
plus tôt, ran'chy раньше
plutôt, skarie-ïe скорее
poche, karman карман
poire, groucha груша
poisson, ryba рыба
poitrine, grout' грудь (f.)
poivre, pierits перец
police, militsy-ïa милиция
pomme, ïablaka яблоко
pomme de terre, kartochka картошка
pont, most мост
porc (viande de), svinina свинина
porte, dvier' дверь (f.)
porter, nosit' носить
poser une question, sprachyvat'/spasit' спрашивать/спросить
possible, vazmojna возможно
poste, potchta почта
poste de télévision, tilivizar телевизор
poule(t), kouritsa курица
pourboire (donner un), dat' na tchaï дать на чай
pourquoi (cause), patchimou почему
pourquoi (dans quel but), zatchem зачем
pouvez-vous... ? vy mojyti... ? Вы можете... ?
pouvoir, motch/smotch мочь/смочь
pratique, oudobnyï/a-ïa удобный/ая
pratique (c'est), eta oudobna это удобно
préférer, pritpatchitat' предпочитать
premier/première, piervyï/a-ïa первый/ая
prendre, brat'/vziat' брать/взять
prendre son petit déjeuner, zaftrakat'/pazaftrakat' завтракать/позавтракать
prénom, imia имя
présentateur, diktar диктор
présenter, pritstavliat'/pritstavit' представлять/представить
président, prizidient президент
pressé(e) (je suis), ïa taraplious' я тороплюсь
prêt(e), gatof/gatova готов/готова
prêter, adaljyvat'/adaljyt' одалживать/одолжить
prévenir, pridouprijdat'/pridoupridit' предупреждать/предупредить
prévisions météorologiques, pragnos pagody прогноз погоды
printemps, visna весна
prix, tsyna цена
prix du billet, tsyna bilieta цена билета
professeur, pripadavatil' преподаватель
profession, prafiesi-ïa профессия
promener (se), gouliat'/pagouliat' гулять/погулять
promettre, abichtchat'/pa-abichtchat' обещать/пообещать
proposer, pridlagat'/pridlajyt' предлагать/предложить

publicité, riklama реклама
puis-je... ? ïa magou... ? Я могу... ?
pull-over, svityr свитер
pyjama, pijama пижама

quand, kagda когда
quartier, kvartal квартал
quatorze, tchityrnatsat' четырнадцать
quelle heure est-il ? katoryï tchas ? Который час ?
quelques, nieskal'ka несколко
qui, kto кто
quinze, pitnatsat' пятнадцать
quoi, chto что

raccrocher, palajyt' troupkou положить трубку
radio, radio радио
raquette, rakietka ракетка
recevoir, paloutchat'/paloutchit' получать/получить
récolte, ourajaï урожай
réfrigérateur, haladil'nik холодильник
regarder, smatriet' смотреть
régime, rijym режим
remercier, blagadarit'/pablagadarit' благодарить/поблагодарить
remplir une fiche, zapalniat'/zapolnit' blank заполнять/заполнить бланк
rencontrer, fstritchat'/fstrietit' встречать/встретить
rendez-vous, svidani-ïe свидание
rentrer chez soi, vazvrachtchatsa/virnoutsa damoï возвращаться/вернуться домой
réparer, patchiniat'/patchinit' починять/починить
repasser (avec un fer), gladit'/pagladit' гладить/погладить
répondeur, afta-atvietchik автоответчик
réponse, atviet ответ
reposer (se), atdyhat'/atdahnout' отдыхать/отдохнуть
réserver, zakazyvat'/zakazat' заказывать/заказать
restaurant, ristaran ресторан
rester, astavatsa/astatsa оставаться/остаться
retard (être en), apazdyvat'/apazdat' опаздывать/опоздать
réussir un examen, zdat' ygzamin здать экзамен
réveiller, boudit'/razboudit' будить/разбудить
rideaux, zanavieski занавески
rien, nitchivo ничего
rivière, rika река
robe, plat'ïe платье
robe de chambre, halat халат
robinet, kran кран
rose (couleur), rozavyï/a-ïa розовый/ая
rouble(s), roubl'/roubli рубль/рубли
rouge, krasnyï/a-ïa красный/ая
route, daroga дорога
rucher, pasika пасека
rue, oulitsa улица
russe, rouskiï/a-ïa русский/ая
Russie, rassi-ïa Россия

sa, son, ses (à elle), ïi-ïo её
sa, son, ses (à lui), ïi-vo его
sable, pisok песок
sac, soumka сумка
Saint-Pétersbourg, sankt-pitirbourk Санкт-Петербург
salade, salat салат
salaire, zarplata зарплата
salle à manger, stalova-ïa столовая
salle de bains, vanna-ïa ванная
salon de coiffure, parikmahirska-ïa парикмахерская
sang, krof' кровь (f.)
santé, zdarov'ïe здоровье
saucisse, sasiska сосиска
saucisson, kalbasa колбаса
saumon, lasos' лосось
saumon fumé, kaptchona-ïa siomga копчёная сёмга
savez-vous... ? vy zna-iti... ? Вы знаете... ?
savoir (connaître), znat' знать
savoir (être capable de), oumiet' уметь
savon, myla мыло
sec/sèche, souhoï/a-ïa сухой/ая
secrétaire, sikritarcha секретарша
seigle, roch рожь
sel, sol' соль

semaine, nidielia неделя
sens (direction), napravlieni-ïe направление
sens unique, adnastaronni-ïe dvijeni-ïe одностороннее движение
sept, siem' семь
serrure, zamok замок
serveur, afitsant официант
serviette (de table), salfietka салфетка
serviette de toilette, palatiensty полотенце
servir, apsloujyvat'/apsloujyt' обслуживать/обслужить
ses (à elle), ïi-ïo её
ses (à lui), ïivo его
short, chorty шорты (tjs. plur.)
si, ïesli если
SIDA, spit СПИД
signer, patpisyvat'/patpisat' подписывать/подписать
signifier, znatchit' значить
s'il vous plaît, pajalousta пожалуйста
soeur, sistra сестра
soir, vietchir вечер
soleil, sontsy солнце
somme, soumma сумма
son (à elle), ïi-ïo её
son (à lui), ïivo его
sonner, zvanit'/pazvanit' звонить/позвонить
sonnette, zvanok звонок
soupe au chou, chtchi щи
soupe aux betteraves (bortch), borchtch борщ
sous-vêtement, nijni-ïe bil'ïo нижнее бельё
spectacle, spiktakl' спектакль
sport, sport спорт
stagiaire, stajor стажёр
station de taxi, sta-ïanka taksi стоянка такси
station-service, (avta-)zapravatchna-ïa stantsy-ïa (авто-)заправочная станция
stylo, routchka ручка
sucre, sahar сахар
sur, na на
sûr(e), ouvierin/a уверен/а

table, stol стол
tableau, kartina картина
taille (d'un vêtement), razmier размер
tante, tiotia тётя
taper à la machine, pitchatat' na machynki печатать на машинке
tapis, kavior ковёр
tartine (sandwich), boutirbrot бутерброд
tasse, tchachka чашка
taxi, taksi такси
télécopie, faks факс
télécopieur (fax), faks факс
téléphone, tilifon телефон
téléphoner, zvanit'/pazvanit' звонить/позвонить
téléspectateur, tilizritil' телезритель
télévision, tilividini-ïe телевидение
température, timpiratoura температура
temps, vriemia время
temps (météo), pagoda погода
temps en temps (de), vriemia at vriemini время от времени
tennis, tenis теннис
tête, galava голова
thé, tchaï чай
théâtre, ti-atr театр
ticket, biliet билет
tissu, tkan' ткань (f.), matirial материал
toilettes, toualiet туалет
toit, krycha крыша
tomate, pamidor помидор
tomber, padat'/oupast' падать/упасть
tomber en panne (voiture), patirpiet' avari-ïou потерпеть аварию
tomber malade, zabaliet' заболеть
tôt, rana рано
tourner, pavaratchivat'/pavirnout' поворачивать/повернуть
tousser, kachliat' кашлять
tout, fsio всё
tout droit, priama прямо
traduire, pirivadit'/pirivisti переводить/перевести
train, po-ist поезд
travail, rabota работа
travailler, rabotat'/parabotat' работать/поработать

traverser (la rue), pirihadit'/piriïti darogou переходить/перейти дорогу
triste, pitchal'nyï/a-ïa печальный/ая
trois, tri три
trop, slichkam слишком
trottoir, tratouar тратуар
trouver, nahadit'/naïti находить/найти
trouver (se), nahaditsa/naïtis' находиться/найтись
tu, ty ты

un/une, adin/adna один/одна
université, ounivirsitiet университет
usine, zavot завод

vacances, otpousk отпуск
vacances (en), v otpouski в отпуске
vache, karova корова
valise, tchimadan чемодан
veau, tilionak телёнок
veau (viande de), tiliatina телятина
vendeur, pradaviets продавец
vendeuse, pradafchtchitsa продавщица
vendre, pradavat'/pradat' продавать/продать
venir (à pied), prihadit'/priïti приходить/прийти
venir (autrement qu'à pied), pri-ïijjat'/pri-ïehat' приезжать/приехать
vent, vietir ветер
ventre, jivot живот
verglas, galaliot гололёд
vérité, pravda правда
verre, stakan стакан
vert(e), zilionyï/a-ïa зелёный/ая
veste, pidjak пиджак
veuf/veuve, vdaviets/vdava вдовец/вдова
viande, miasa мясо
vieux/vieille, staryï/a-ïa старый/ая
village, dirievnia деревня
ville, gorat город
vin, vino вино
vinaigre, ouksous уксус
vingt, dvatsat' двадцать
visage, litso лицо
visiter, pasichtchat'/pasitit' посещать/посетить
vite, bystra быстро
vitesse, skorast' скорость (f.)
vivre, jyt' жить
vodka, votka водка
voilier, parousnik парусник
voir, vidit'/ouvidit' видеть/увидеть
voisin(e), sasiet/sasietka сосед/соседка
voiture, machyna машина
voiture (en), na machyni на машине
vol (avion), reïs рейс
votre, vach/a ваш/ваша
voulez-vous... ? vy hatiti... ? Вы хотите... ?
vouloir, hatiet'/zahatiet' хотеть/захотеть
vouloir dire, znatchit' значить
vous, vy вы
voyage, poutichestvi-ïe путешествие
voyager, poutichestvavat' путешествовать
vrai (c'est), eta pravda это правда vierna верно

wagon, vagon вагон
wagon-lit, spal'nyï vagon спальный вагон
wagon-restaurant, vagon-ristaran вагон-ресторан
W.C., touliet туалет
week-end, vyhadny-ïe dni выходные дни

yacht, ïahta яхта

Index grammatical